中国文化入门读本

徐霞客游记

刘虎如——选注

人民文学出版社

图书在版编目(CIP)数据

徐霞客游记/刘虎如选注. —北京:人民文学出版社,2018
(中国文化入门读本)
ISBN 978-7-02-014214-9

Ⅰ. ①徐… Ⅱ. ①刘… Ⅲ. ①游记-中国-明代②历史地理-中国-明代③《徐霞客游记》-注释 Ⅳ. ①K928.9

中国版本图书馆 CIP 数据核字(2018)第 086141 号

责任编辑 **甘 慧 尚 飞 吕昱雯**
装帧设计 **高静芳**

出版发行 **人民文学出版社**
社　　址 **北京市朝内大街 166 号**
邮政编码 **100705**
网　　址 **http://www.rw-cn.com**

印　　刷 **莱芜市圣龙印务有限责任公司**
经　　销 **全国新华书店等**

开　　本 **890 毫米×1240 毫米 1/32**
印　　张 **5.75**
插　　页 **2**
字　　数 **87 千字**
版　　次 **2019 年 8 月北京第 1 版**
印　　次 **2019 年 8 月第 1 次印刷**

书　　号 **978-7-02-014214-9**
定　　价 **30.00 元**

序

秋空净无极，兀兀片云孤。不与风同驶，遥令雨自苏。卷舒如有约，尺寸岂随肤。我欲神相倚，从之径转无。

为霾并为电，弥天总是云。谁能绘霄汉，了不作氤氲。捧日开朝霁，飞霞散夕曛。此中无一系，何处着纷纷。

出岫何幽独，悠然飏碧空。遥分秋水影，忽度夕阳风。长天不留迹，冷月若为容。归宿应何在？崆峒第一峰。

彩霞竟何往？苍狗自徜徉。出没千峰迥，夷犹一壑长。骛飞难作伴，龙跃岂相忘。不待为霖日，方令天汉章。

卷舒有妙理，谁云倦始还。垂天宁幻态，触石

岂无关。神远群俱涣，情空迹自闲。始知能体物，
造化掌中删。

此五律题为《赋得孤云独往还》，明崇祯五年（1632）秋，徐霞客所作也。其词意之高妙，备极诸长。非身历其境者，何能出此？非长于写景者，何能出此？“诗言志”，吾人可观其志矣。钱牧斋云：“徐霞客千古奇人，《游记》乃千古奇书。”诚非虚语。故不惜辞费，先将此奇人奇书之崖略绍介于读者：

徐霞客之生平

徐宏祖，字振之，霞客实其号也。明江阴人，生于万历十四年（1586），卒于崇祯十四年（1641），享年五十有六。霞客童年出就师塾，即聪颖异常，雅好奇书，博览古今史籍与舆地志，山海图经，旁及一切冲举高蹈之迹。惟恐违父母意，乃应括帖芹藻之业，非所愿也。才逾龆龀，其父遇盗，厄于别墅，霞客跣足奔救，扶持汤药者逾年。及父卒，形毁骨立，毕力丧葬，自此益厌弃尘俗，欲

探奇于名山大川，因有母在，不敢请。其母王氏反劝勉之，且为之制远游冠，以壮行色，自此蹇卫芒鞋，无停撤矣。

其游也，可分为二时期：先以母在，不远游，游必有方。“自言万历丁未（1607），始泛舟太湖，登眺东西洞庭两山，访灵威丈人遗迹。自此历齐、鲁、燕、冀间，上泰岱，拜孔林，谒孟庙，三迁故里，峄山吊枯桐，皆在己酉（1609）。而余南渡大士落迦山，还过此中，陟华顶万八千丈之巅，东看大小龙湫以及石门仙都，是在癸丑（1613）。惟甲乙之间私念家在吴中，安得近舍四郡。秣陵为六朝佳丽地，高皇帝所定鼎也。二十四桥明月，三十六曲浊河，岂可交臂失之？迨丙辰（1616）之履，益复远：春初，即为黄山白岳游；夏入武彝九曲；秋还五泄兰亭，一观禹陵窆石，系缆西子湖，又将匝月。丁巳（1617）家居，亦入善权张公诸洞。登九华而望五老，则戊午（1618）也。抵鱼龙洞，试浙江潮，至江郎山九鲤湖而返，则庚申（1620）也。以辛酉、壬戌（1621、1622）两岁历览嵩华元三岳，俯窥瀛渤，下溯潇湘，齐州九点烟，尚隐隐如指掌间。忆所遇异人，如匡庐之慧灯禅师，终南之采药野人，太华之休粮道者，了无风尘色相，至今犹在目中也。”(见陈函辉《徐霞客墓志铭》) 是为第一时期。

迨天启五年 (1625), 其母病卒。“至服阕慨然曰: ‘昔人以母在, 此身未可许人也。今不可许之山水乎?’ 遂再拜辞两尊人墓下, 不计程亦不计年, 旅泊岩栖, 游行无碍。”(见陈函辉《徐霞客墓志铭》) 是为第二时期。历游浙、闽、赣、楚、粤西、黔、滇各处。而陈志更有“出石门关数千里, 至昆仑, 穷星宿海, 登半山, 风吹衣欲堕, 望见外方黄金宝塔; 又数千里, 复策杖西番, 参大宝法王”等语。吴国华作圹志铭, 亦以为霞客之游, “最奇者, 晚年流沙一行, 登昆仑天柱, 参西番法宝, 往来鸡足山中, 单装徒步, 行十万余里, 因得探江河发源, 寻三大龙脉。”至于唐泰所作之《天游曲》, 末首亦云: “掉头寸寸是天涯, 拨破重云去路赊。万里砥平无碍阻, 更遵《禹贡》入流沙。”按《禹贡》之所谓流沙, 即张掖居延泽也, 是则霞客之游, 不特入川、入藏, 且曾一度及于甘肃北部与内蒙古地方矣。然据丁文江所作《徐霞客游记》一文观之, 则又有未尽可靠者。丁氏云: “钱牧斋所做的《徐霞客传》, 辞意与陈志大概相同。陈、钱都是先生的朋友, 传志是先生卒后数月内做的, 其中的事实应该是千真万确。由此看来，先生不但到过四川，而且到过青海、西藏了。但是细细考起来，游记上绝对没有游川藏的话。而且崇祯十二年（1639）九月以前，先生的游迹，有记可考，万无能到四川的理，不要说西藏昆仑了。况且其他的事实，也与传志不符：第一，静闻死在广西南宁，在游衡岳之后。第二，先生从湖南到广西，并没有‘泛洞庭，从蜀道登嵋’的事。第三，寻盘江在崇祯十一年（1638）秋间，而游澜沧在次年夏天，如何可以说‘由澜沧而寻盘江’。所以潘次耕说（见《遂初堂集徐霞客游记序》）先生无上昆仑穷星宿海的事。作者于民国十年（1921）在北京文友会讲演，也辩他没有到过西藏四川。但是崇祯十二年（1639）九月十五日以后没有游记，或者先生于崇祯十三年（1640）由云南到西藏四川，也不是绝对不可能的事。”

然霞客之作滇游，止于鸡足。如陈志有云：“霞客游轨既毕，还至滇南。一日，忽病足，不良于行，留修《鸡足山志》。三月而志成，丽江太守为饬舆从归，转侧笋舆者百五十日。至楚江，困甚，黄冈侯大令为具舟楫，六日而达京口，遂得生还。是庚辰（1640）夏间事也。”再由游记之时日征之，在游鸡足山之前，霞客固未作川藏之游也。其在戊寅（1638）五月初九日之后与八月初七日之前一段时期乎？（因此段时期之游记已缺）然是年十一月八日霞客在昆明筇竹寺之所记有云：“盖余初意欲从金沙江往雅州，参峨嵋。滇中人皆谓此路久塞，不可行，必仍假道于黔而出遵义。余不信，及濒行与吴方生别，方生执裾黯然曰：‘君去矣！余归何日？后会何日？何不由黔入蜀，再图一良晤。’余口不答，而心不能自已。至是见体空诚切，遂翻然有不由金沙之意。”是则以前并未入川明矣，遑论作藏游乎？

然而陈志有云：“霞客于峨嵋山前作一札寄余；其出外番分界地，又有书贻某宗伯，并托致余。书中皆言其所历涉山川诸瑰状，并言江非始于岷山，河亦不由天上。”然则霞客虽未曾入西藏，固已入川参峨嵋矣。故丁文江又云：“拿游记的证据来比陈志、钱传，当然游记可信，陈、钱不可信。然则先生终究没有到过西藏。但是重庆离峨嵋不过六七百里路，先生就是从遵义到重庆回家，不难向西一游。”所惜者《江源考》已非全文，否则吾人必可由此得一较明确之证据也。

徐霞客之家系

宋开封尹锢者，扈跸南渡，子孙俱誓不仕元。至明朝，本中以人材征使蜀，景南出粟助边赈饥，故皆膺国命之荣。景南生颐，以六书拜中翰，与其弟解元荆州守泰并以才名耀仕籍。颐生元献，元献生经，父子俱魁南榜。经生洽，官鸿胪簿。洽生衍芳，赠光禄丞。衍芳生有勉，是即霞客之父也。有勉别号豫庵，年十九，兄弟析产，乃以室之正者逊与伯氏，而自取其偏，节衣节食，稍有赢余，辄表章所居，好花木泉石，为园以自隐。晚年避盗，堕河而躄，行必借杖。梁溪秦中丞侯给谏闻其风而悦之，造见，乃深匿丛竹中；俄而乘扁舟入太湖遁矣。霞客每侍之，辄谓“是儿眉庭霞起，读书好客，可以竟吾志，不愿而富贵也”。

霞客母王氏，事豫庵如严宾。喜种豆，满架蔓施，绿阴云簇，秋至，豆熟亦累累可观。剪芸疏溉，场圃洁拭，皆亲为之。豆架之下，纬车轧然，故其同邑夏树芳《秋圃晨机赋》有云：“豆花棚下，插架编蒲，栽薯语，植蘖姑，树蹲鸱，烹落苏。碧云台榭，其乐婆娑！若乃秋露溥溥，凉飙飒飒，野外时闻乎捣素，金井忽飘乎梧叶。绻此女工，御寒尤切，调织妇之弄梭，试田家之踏箊。晨鸡乍鸣，晓钟初歇，札札乎杼韵之动微风，轧轧乎机声之落残月。”此情此景，盖写实也。豫庵生三子，胸中不免有嫡孽之畛，徐母尽为锄之。生平见巫觋如见鬼仇，见饿人则必饱之乃快。且节俭异常，霞客尝欲为母新舍，其母使之一新祖父碑像。霞客有五岳之志，母为束装，戒之曰：“第游名胜归，袖图一一示我；游未竟，我不啮指。去亡害，卯孙在可伴也。”由是观之，霞客之游，其父母实有以促成之耳。

关于地理之供献

霞客之游记，非仅写景物，谈风月而已，对于山岭之来脉，江海之源流，亦未尝无所发见，其有功于地理，自不可没。兹特分述之于次：

（一）对于中国山脉之供献　中国之言山脉者，初则有三条四列之说；继有山河两戒之说；至昆仑三龙之说兴，中国山脉之系统方能有比较正确之观念。而霞客则又为此说之功臣也。

夫所谓三条四列说者，据翁文灏《中国山脉考》云：“第一列自岍、岐、荆（在今陕西）、壶口、雷首、太岳、底柱、析城、王屋、太行、恒山，至于碣石，为北条，盖即渭河、黄河之北岸也。第二列为西倾、朱圉、鸟鼠，至于太华；熊耳、外方、桐柏，至于陪尾（在今山东），为中条，盖汉淮与渭黄之分水岭也。第三列为嶓冢至荆山（在今湖北），内方至大别，为中条之支脉，亦约当汉淮与大江之分水。第四列自岷山之阳，至衡山，过九江，至敷浅原（今江西庐山），为南条。”

山河两戒说者，唐开元间僧一行云：“自三危积石负终南地络之阴，东及太华，逾于河，并雷首、底柱、王屋、太行，北抵常山之右。乃东循塞垣，自濊貊朝鲜，是为北纪，所以限戎翟也。自岷山、嶓冢负终南地络之阳，东及太华，连商山、熊耳、外方、桐柏；自上洛南逾江汉，携武当荆山，至于衡阳；及东循岭徼，达东瓯闽中，为南纪，所以限蛮夷也。”

至于中国山脉之始于昆仑，益松筠《龙经》已言及之，其言曰：“昆仑山是天地骨，中镇天心为巨物，如人骨脊与项梁，生出四支龙突兀。四支分出四世界，南北东西为四脉。西北崆峒数万程，东入三韩陷杳冥。惟有南龙入中国，分宗孕祖来奇特。”至于三龙之说，则又可以明人王士珍之言作为代表。王氏有云：“昆仑据地之中，四旁山麓各入大荒。入中国者，东南支也。其支又于塞外分三支：左支环阴山、贺兰入山西，起太行，数千里出为医巫闾，渡海而止，为北龙。中支循西蕃入趋岷山，沿岷江左右。出江右者，叙州而止。江左者，北去趋关中脉系大散阙，左渭右汉，为终南太华，下泰岳，起嵩山，右转荆山，抱淮水；左落平原千里，起泰山，入海，为中龙。右支出吐蕃之西，下丽江，趋云南，绕沾益、贵州关索，而东去沅陵。分其一由武关出湘江，西至武陵止。又分其一由桂林海阳山，过九疑衡山，出湘江，东趋匡庐止。又分其一过庾岭，渡草坪，去黄山、天目、三吴止；过庾岭者，又分仙霞关，至闽止；分衢为大拌山，右下括苍，左去为天台四明，渡海止；总为南龙也。”而徐霞客更言：“北龙夹河之北，南龙抱江之南，而中龙中界之，特短。北龙亦只南向半支入中国，惟南龙磅礴半宇内，而其脉亦发于昆仑，与金沙江相持南下。”

翁文灏于彼《中国山脉考》一文，对于三条四列说则以为“与水系关系殊不明显”；对于山河两戒说，则以为“一行言山之目的本不在地理而在天文，不在明山脉而在辨星野，故虽大致尚是，而究不免牵强附会、举隅忘全之病”；对于《龙经》之所云，则以为“是说为地理而言地理，视为天文而言地理者尚属较胜”；对于士珍之主张，则以为“脉络井然，实集数代之大成”。然水系之分水，尚未提及，是亦一大缺点，故对于霞客之所记，则以为“言山纯为山脉而言，不杂星野之见，亦非为风水之谈，视前为大进步矣”。

（二）对于中国河流之供献　《江源考》云：“导河自积石，而河源不始于积石；导江自岷山，而江源亦不出于岷山。岷流入江，而未始为江源，正如渭流入河，而未始为河源也。”又云：“按其发源，河自昆仑之北，江亦自昆仑之南……发于北者曰星宿海，北流经积石，始东折入宁夏，为河套。又南曲为龙门大河，而与渭合。发于南者，曰犁牛石，南流经石门关，始东折而入丽江，为金沙江。又北曲为叙州大江，与岷山之江合。”此其对于中国河流之供献一也。

《盘江考》云：“今以余所身历综校之，南盘自沾益州炎方驿南下，经交水曲靖，南过桥头，由越州陆凉路南，南抵阿迷州境北，合曲江、泸江，始东转。渐北，合弥勒巴旬江，是为额罗江。又东北，经大柏坞、小柏坞。又北，经广西府东八十里永安渡。又东北，过师宗州东七十里黑如渡。又东北，过罗平州东南巴旦寨，合江底水，经巴泽巴吉，合黄草坝水，东南抵霸楼，合者坪水，始下旧安隆，出白隘为右江。北盘自杨林海子北出嵩明州果子园；东北经热水塘，合马龙州中和山水。抵寻甸城东，北去彝地，为车洪江，下可渡桥。转东南，经普安州北境，合三板桥诸水，南下安南卫东铁桥；又东南合平州诸水，入泗城州东北境。又东注那地州永顺司，经罗木渡，出迁江来宾，为都泥江，东入武宣之柳江……其两盘江相合处，直至浔州府黔、郁二江会流时始合。但此地南北盘已各隐名为郁江、黔江矣。”此其对于中国河流之供献二也。

霞客于己卯（1639）八月初九日至云州，游记云：“余初意云州晤杨州尊，即东南穷澜沧下流。以《一统志》言‘澜沧从景东西南下车里’，而于元江府临安河下之江，又注谓‘出自礼社江，由白崖城合澜沧而南’。余原疑澜沧不与礼社合，与礼社合者乃马龙江及源自禄丰者，但无明证澜沧之直南而不东者。故欲由此穷之。前过旧城，遇一跛者，其言独历历有据曰：‘潞江在此地西三百余里，为云州西界，南由耿马而去，为渣里江，不东曲而合澜沧也。澜沧江在此地东百五十里，为云州东界，南由威远州而去，为挝龙江，不东曲而合元江也。'于是始知挝龙之名，始知东合之说为妄。又询之新城居人，虽土著不能悉。间有江右四川向走外地者，其言与之合，乃释然无疑，遂无复南穷之意，而此来虽不遇杨亦不虚度。"此其对于中国河流之供献三也。

又霞客己卯四月十六日之游记有云："大盈江过河上屯，合缅箐之水，南入南甸，为小梁河；经南牙山，又称为南牙江；西南入千崖云笼山下，名云笼江；沿至千崖北，为安乐河；折而西一百五十里，为槟榔江；至北苏蛮界，注金沙江，入于缅。一曰合于太公城，此城乃缅甸界按缅甸金沙江不注源流，志但称其阔五里。然言孟养之界者，东至金沙江，南至缅甸，北至千崖，则其江在千崖南，缅甸北，孟养东矣。又按芒市长官司西南有青石山，志言金沙江源出之而流入大盈江；又言大车江自腾冲流经青石山下。岂大盈经青石之北，金沙经青石之南耶？其言源出者，当亦流经而非发轫。若发轫，岂能即此大耶？又按芒市西有麓川江，源出峨昌蛮地，流过缅地，合大盈江，南甸东南一百七十里，有孟乃河，源出龙川江；而龙川江在腾越东，实出，峨昌蛮地，南流至缅太公城，合大盈江。是麓川江与龙川江同出峨昌，同流南甸南，千崖西，同入甸地，同合大盈；然二地实无二水。岂麓川即龙川，龙川即金沙，一江而三名耶？盖麓川又名陇川，龙与陇实相近，必即其一无疑。盖峨昌蛮之水，流至腾越东，为龙川江，至芒市西，为麓川江，以与麓川为界也。其在司境，实出青石山下，以其下流为金沙江，遂指为金沙之源而非源于山下可知。又至千崖西南，缅甸之北，大盈江自北来合，同而南流，其势始阔，于是独名金沙江；而至太公城孟养之界，实当其南流之西，故指以为界，非孟养之东又有一金沙南流，千崖之西，又有一金沙出青石山西流；亦非大盈江既合金沙而入缅，龙川江又入缅而合大盈。大盈所入之金沙，即龙川下流，龙川所合之大盈，即共名金沙者也。分而歧之，名愈紊，会而贯之，脉自见矣。”此其对于中国河流之供献四也。

徐霞客之著作

霞客一生，驰骛数万里，踯躅三十年，遇有名胜之区，无不披奇抉奥，一山一水，亦必寻其源而探其脉。故身无暇晷，路有确程，凡沿革方隅，土宜物异，一一详志记中，此游记之难能而可贵也。至于编次成书，则季梦良实成之。然季氏编次时，其书已有缺陋不全之处，如戊寅（1628）十一月十一日以后共缺十九日，己卯（1639）九月十五日后则无记矣。至乙酉（1645），复因兵燹而滇游记首册又遗失，后虽求得宜兴曹骏甫钞本以补足之，然不久又全失去，惜哉。兹特以奚又溥本为根据，而录其全书之目次于后：

游名山记

游天台山日记	游天台山后记
游雁宕山日记	游雁宕山后记
游白岳日记	游黄山日记
游黄山后记	游武彝山日记
游庐山日记	游九鲤湖日记
游嵩山日记	游太华山日记
游太和山日记	游五台山日记
游恒山日记	闽游日记
闽后游日记	

西南游日记一　自崇祯九年九月初九日至十年正月初十日

西南游日记二　自十年正月十一日至闰四月初七日

游滇日记十三　自八月初一日至二十九日

游滇日记十四　自九月初一日至十四日（有季会明小记）

鸡山志目

鸡山纪略

鸡山各刹碑记

丽江纪略

法王缘起

游颜洞　原注云以下两则系滇游日记一中，因原本缺首册，故附录于此

游太华山　附滇中花木小记

溯江纪源　原注云刻本邑冯志靖邑陈志中（有小引）

盘江考

随笔二则

游记而外，又有《鸡足山志》八卷，亦传世之作也。更有诗歌若干首，亦瑰玮如其文，惟为游记所掩，人鲜注意及之耳。如黄道周所识："灯下依韵，和徐振之《赋得孤云独往还》之作，并书请正。不能如振之之体物备妙也。"斯亦可以鉴矣。兹将黄道周和诗五首附录于后，以终吾文：

野水笑人旷，秋深知客孤。江风催雨老，渔火报灯苏。家计分浮梗，乾坤动剥肤。柴桑行可觅，能得隐邻无。

笠泽无停棹，杖头不系云。帆随风意致，山与梦氤氲。古洞扃幽户，残崖倒暮曛。每逢巢鸟尽，萝月想缤纷。

不忍闷幽独，因思别凿空。闲过长喙峡，戏织打头风。绝壁三分篆，坚匏五石容。心知无一可，更上最高峰。

虚逃无所往，自醉此徜徉。古迹有代谢，时人空短长。同心宜送远，得句偶难忘。昨夜蒹葭月，又涵霜露章。

何处不仙峤？长游已大还。猿鱼新换径，虎豹久迷关。天纵几人逸，生扶半世闲。楞伽言语外，别寄与谁删？

附选材之标准

（1）编纂游记之目的，不外欣赏与考证，故本书对于材料之选择，即以此二者为标准。

(2) 癸酉（1623）以前，霞客因有母在堂，每岁间出，先事各省名山，志在有方故也。然对于风景之记述及描写，无一不尽心力以为之，极能引起读者之兴趣，故尽量采入。

(3) 丙子（1626）以后，其母既没，始为万里遐征计，由浙至滇，游屐多在西南。然时日衔接，摘取殊难。故本书之所选取，除《太华山游记》一篇，余如《盘江考》《江源考》，皆中国地理上大发现也。

(4)《徐霞客游记》以杨凝斋、陈体静二本为最善，故本书取为根据，参考互订，务求惬当。

刘虎如

1927 年 11 月 19 日

目录

游天台山日记

癸丑之三月晦[①]，自宁海出西门。云散日朗，人意山光，俱有喜态。三十里，至梁隍山，闻此地於菟[②]夹道，月伤数十人，遂止宿。四月初一日，早雨。行十五里，路有歧，马首西向台山，天色渐霁。又十里，抵松门岭，山峻路滑，舍骑步行。自奉化来，虽越岭数重，皆循山麓，至此迂回临陟，俱在山脊。而雨后新霁，泉声山色，往复创变，翠丛中山鹃映发，令人攀历忘苦。又十五里，饭于筋竹庵。山顶随处种麦。从筋竹岭南行，则向国清大路。适有国清僧云峰同饭，言此抵石梁，山险路长，行李不便，不若以轻装往，而重担向国清相待。余然之，令担夫随云峰往国清，余与莲舟上人就石梁道。行五里，过筋竹岭。岭旁多短松，老干屈曲，根叶苍秀，俱吾阊门盆中物也。又三十余里，抵弥陀庵。上下高岭，深山荒寂[③]，泉轰风动，路绝旅人。庵在万山坳中，路荒且长，适当其半，可饭可宿。

① 晦（huì）：阴历每月之末日。　② 於菟（wū tú）：虎之异名。《左传》："楚人谓乳谷，谓虎乌菟。" ③ 原注："恐藏虎，故草木俱焚去。"

初二日，饭后，雨始止。遂越潦[①]攀岭，溪石渐幽。二十里，暮抵天封寺。卧念晨上峰顶，以朗霁为缘。盖连日晚霁，并无晓晴。及五更梦中，闻明星满天，喜不成寐。

① 潦（lǎo）：积水。

初三日，晨起，果日光烨烨[①]。决策向顶，上数里，至华顶庵，又三里，将近顶，为太白堂，俱无可观。闻堂左下有黄经洞，乃从小径，二里，俯见一突石，颇觉秀蔚。至则一发僧结庵于前，恐风自洞来，以石甃[②]塞其门，大为叹惋。复上，至太白，循路登绝顶，荒草靡靡[③]，山高风冽，草上结霜高寸许，而四山回映，琪花玉树，玲珑弥望。岭角山花盛开，顶上反不吐色，盖为高寒所勒耳。仍下华顶庵，过池边小桥，越三岭。溪回山合，木山森丽。一转一奇，殊慊④所望。二十里，过上方广，至石梁，礼佛昙花亭，不暇细观飞瀑。下至下方广，仰视石梁飞瀑，忽在天际。闻断桥、珠帘尤胜。僧言饭后行，犹及往返。遂由仙筏桥向山后。越一岭，沿涧八九里，水瀑从石门泻下，旋转三曲。上层为断桥，两石斜合，水碎迸石间，汇转入潭。中层两石对峙如门，水为门束，势甚怒。下层潭口颇阔，泻处如阈⑤，水从坳中斜下。三级俱高数丈，各极神奇，但循级而下，宛转处为曲所遮，不能一望尽收。又里许，为珠帘水，水倾下处甚平阔。其势散缓，滔滔汩汩⑥。余赤足跳草莽中，揉⑦木缘崖，莲舟不能从。暝色四下，始返。停足仙筏桥，观石梁卧虹，飞瀑喷雪，几不欲卧。

① 烨（yè）：光盛貌。 ② 甃（zhòu）：砌。 ③ 靡靡：犹披靡，散乱貌。 ④ 慊（qiè）：满足。 ⑤ 阈（yù）：门坎。 ⑥ 滔滔：水流貌。汩汩：水流声。 ⑦ 揉：攀。

初四日，天山一碧如黛。不暇晨餐，即循仙筏上昙花亭，石梁即在亭外，梁阔尺余，长三丈，架两山坳间，两飞瀑从亭左来，至桥乃合流下坠，雷轰河隤，百丈不止。余从梁上行，下瞰深潭，毛骨俱悚。梁尽，即为大石所隔，不能达前山，乃还。过昙花，入上方广寺。循寺前溪，复至隔山大石上，坐观石梁，为下寺僧促饭，乃去。饭后，十五里，抵万年寺，登藏经阁。阁两重，有南北经两藏。寺前后多古杉，悉三人围，鹤巢于上，传声嘹呖①，亦山中一清响也。是日，余欲向桐柏宫，觅琼台、双阙，路多迷津，遂谋向国清。国清去万年四十里，中过龙王堂，每下一岭，余谓已在平地，及下数重，势犹未止。始悟华顶之高，去天非远。日暮，入国清，与云峰相见，如遇故知，与商探奇次第。云峰言："名胜无如两岩，虽远，可以骑行。先两岩而后步至桃源，抵桐柏，则翠壁、赤城，可一览收矣。"

① 嘹呖（liáo lì）：鸣声响亮而清远。

初五日，有雨色，不顾，取寒、明两岩道，由寺向西门觅骑。骑至，雨亦至。五十里，至步头。雨止，骑去。二里，入山，峰萦水映，木秀石奇，意甚乐之。一溪从东阳来，势甚急，大若曹娥。四顾无筏，负奴背而涉，深过于膝，移渡一涧，几一时。三里，至明岩。明岩为寒山、拾得①隐身地，两山回曲，《志》所谓八寸关也。入关，则四围峭壁如城。最后，洞深数丈，广容数百人。洞外，左有两岩，皆在半壁；右有石笋突耸，上齐石壁，相去一线，青松紫蕊，蓊苁②于上，恰与左岩相对，可称奇绝。出八寸关，复上一岩，亦左向。来时仰望如一隙，及登其上，明敞容数百人。岩中一井，曰仙人井，浅而不可竭。岩外一特石，高数丈，上岐立如两人，僧指为寒山拾得云。入寺，饭后，云阴溃散，新月在天。人在回崖顶上，对之清光溢壁。

① 寒山、拾得：唐贞观时二僧。四库书目有《寒山子诗集》二卷，《丰干拾得诗》一卷。 ② 蓊苁（wěng cōng）：草木茂盛貌。

初六日，凌晨出寺，六七里，至寒岩。石壁直上如劈。仰视空中，洞穴甚多。岩半有一洞，阔八十步，深百余步，平展明朗。循岩右行，从石隘仰登，岩坳有两石对耸，下分上连，为鹊桥，亦可与方广石梁争奇，但少飞瀑直下耳。还饭僧舍，觅筏渡一溪。循溪行山下，一带峭壁巉①崖，草木盘垂其上，内多海棠紫荆，映荫溪色。香风来处，玉兰芳草，处处不绝。已至一山嘴，石壁直竖涧底。涧深流驶，旁无余地。壁上凿孔以行，孔中仅容半趾。偪②身而过，神魄为动。自寒岩十五里，至步头，从小路向桃源。桃源在护国寺旁，寺已废，土人茫无知者。随云峰莽行曲路中，日已堕，竟无宿处，乃复问至坪头潭。潭去步头仅二十里，今从小路，反迂回三十余里。宿。信桃源误人也。

① 巉（chán）：危峻。　② 偪：同“逼”，迫近。

初七日，自坪头潭行曲路中三十余里，渡溪入山。又四五里，山口渐夹，有馆曰桃花坞。循深潭而行，潭水澄碧，飞泉自上来注，为鸣玉涧。涧随山转，人随涧行。两旁山皆石骨，攒峦夹翠，涉目成赏，大抵胜在寒、明两岩间。涧穷路绝，一瀑从山坳泻下，势甚纵横。出饭馆中。循坞东南行，越两岭，寻所谓“琼台”“双阙”，竟无知者。去数里，访知在山顶。与云峰循路攀援，始达其巅。下视峭削环转，一如桃源，而翠壁万丈过之。峰头中断，即为“双阙”，“双阙”所夹而环者，即为“琼台”。台三面绝壁，后转即连“双阙”。余在对阙，日暮不及登，然胜已一日尽矣。遂下山，从赤城后还国清，凡三十里。

初八日，离国清，从山后五里登赤城。赤城山顶圆壁特起，望之如城，而石色微赤。岩穴为僧舍凌杂，尽掩天趣。所谓玉京洞、金钱池、洗肠井，俱无甚奇。

游雁宕山日记

自初九日别台山，初十日抵黄岩。日已西，出南门三十里，宿于八岙。

十一日，二十里，登盘山岭。望雁山诸峰，芙蓉插天，片片扑人眉宇。又二十里，饭大荆驿。南涉一溪，见西峰上缀圆石，奴辈指为两头陀，余疑即老僧岩，但不甚肖。五里，过章家楼，始见老僧真面目：袈衣秃顶，宛然兀立，高可百尺。侧又一小童，伛偻[①]于后，向为老僧所掩耳。自章楼二里，山半得石梁洞。洞门东向，门口一梁，自顶斜插于地，如飞虹下垂。由梁侧隙中层级而上，高敞空豁。坐顷之，下山。由右麓逾谢公岭，渡一涧，循涧西行，即灵峰道也。一转，山腋两壁，峭立亘天，危峰乱叠，如削如攒，如骈笋，如挺芝，如笔之卓[②]，如幞[③]

之欹[4]。洞有口如卷幙[5]者，潭有碧如澄靛者。双鸾、五老，接翼联肩。如此里许，抵灵峰寺。循寺侧登灵峰洞，峰中空，特立寺后，侧有隙可入。由隙历磴数十级，直至窝顶，则窅[6]然平台圆敞，中有罗汉诸像，坐玩至暝色，返寺。

① 伛偻：曲背。 ② 卓：直立貌。 ③ 幞（fú）：头巾。 ④ 欹（qī）：倾侧。 ⑤ 幙：同“幕”。 ⑥ 窅（yǎo）：深。

十二日，饭后，从灵峰右趾觅碧霄洞。返旧路，抵谢公岭下。南过响岩，五里，至净名寺路口。入觅水帘谷，乃两崖相夹，水从崖顶飘下也。出谷五里，至灵岩寺，绝壁四合，摩天劈地，曲折而入，如另辟一寰界[1]。寺居其中，南向，背为屏霞嶂。嶂顶齐而色紫，高数百丈，阔亦称之。嶂之最南，左为展旗峰，右为天柱峰。嶂之右胁，介于天柱者，先为龙鼻水。龙鼻之穴，从石罅直上，似灵峰洞而小。穴内石色俱黄紫，独罅口石纹一缕，青绀[2]润泽，颇有鳞爪之状。自顶贯入洞底，垂下一端如鼻。鼻端孔可容指，水自内滴下注石盆。此嶂右第一奇也。西南为独秀峰，小于天柱，而高锐不相下。独秀之下，为卓笔峰，高半独秀，锐亦如之。两峰南坳，轰然下泻者，小龙湫也。隔龙湫与独秀相对者，玉女峰也。顶有春花，宛然插髻。自此过双鸾，即极于天柱。双鸾止，两峰并起，峰际有“僧拜石”，袈裟伛偻，肖矣。由嶂之左胁，介于展旗者，先为安禅谷，谷即屏霞之下岩。东南为石屏风，形如屏霞，高阔各得其半，正插屏霞尽处。屏风顶有“蟾蜍石”，与嶂侧“玉龟”相向。屏风南去，展旗侧褶中，有径直上。磴级尽处，石阈限之。俯阈而窥，下临无地，上嵌崆峒。外有二圆穴，侧有一长穴，光自穴中射入。别有一境，是为天聪洞，则嶂左第一奇也。锐峰叠嶂，左右环向，奇巧百出，真天下奇观！而小龙湫下流，经天柱、展旗，桥跨其上，山门临之。桥外含珠岩在天柱之麓，顶珠峰在展旗之上。此又灵岩之外观也。

① 寰界：犹世界。　　② 绀（gàn）：即红青色。

十三日，出山门，循麓而右。一路崖壁参差，流霞映采。高而展者，为板嶂岩。岩下危立而尖夹者，为小剪刀峰。更前，重岩之上，一峰亭亭[①]插天，为观音岩。岩侧则马鞍岭横亘于前。鸟道②盘折，逾坳右转，溪流汤汤③，涧底石平如砥④。沿涧深入，约去灵岩十余里，过常云峰，则大剪刀峰介立涧旁。剪刀之北，重岩陡起，是名连云峰。从此环绕回合，岩穷矣。龙湫之瀑，轰然下捣潭中。岩势开张峭削，水无所着，腾空飘荡，顿令心目眩怖。潭上有堂，相传为诺讵那⑤观泉之所。堂后层级直上，有亭翼然。面瀑，踞坐久之，下饭庵中。雨廉纤⑥不止，然余已神飞雁湖山顶，遂冒雨至常云峰。由峰半道松洞外，攀绝磴三里，趋白云庵。人空庵圮⑦，一道人在草莽中，见客至，望望⑧去。再入一里，有云静庵，乃投宿焉。道人清隐，卧床数十年，尚能与客谈笑。余见四山云雨凄凄⑨，不能不为明晨忧也。

① 亭亭：耸立貌。　② 鸟道：见《华阳国志》："鸟道四百里，以其险绝，兽犹无蹊。特上有飞鸟之道耳。"　③ 汤汤（shāng）：水流貌。《诗经》："江汉汤汤。"　④ 砥（dǐ）：细小磨石。　⑤ 诺讵那：罗汉名，在大龙湫观瀑坐化。　⑥ 廉纤：微雨貌。　⑦ 圮（pǐ）：毁坏。　⑧ 望望：去而不顾之貌。　⑨ 凄凄：云雨升起貌。

十四日，天忽晴朗，乃强清隐徒为导。清隐谓湖中草满，已成芜田，徒复有他行，但可送至峰顶。余意至顶，湖可坐得。于是人捉一杖，跻攀深草中，一步一喘，数里，始历高巅，四望白云，迷漫一色，平铺峰下。诸峰朵朵，仅露一顶，日光映之，如冰壶、瑶界①，不辨海陆。然海中玉环一抹，若可俯而拾也。北瞰山坳壁立，内石笋森森，参差不一。三面翠崖环绕，更胜灵岩。但谷幽境绝，惟闻水声潺潺②，莫辨何地。望四面峰峦累累③，下伏如邱垤④，惟东峰昂然独上，最东之常云，犹堪比肩。导者告退，指湖在西腋一峰，尚须越三尖。余从之。及越一尖，路已绝。再越一尖，而所登顶已在天半。自念《志》云："宕在山顶，龙湫之水，即自宕来。"今山势渐下，而上湫之涧，却自东高峰发脉，去此已隔二谷。遂返辙⑤而东，望东峰之高者趋之。莲舟疲不能从，由旧路下。余与二奴东越二岭，人迹绝矣。已而山愈高，脊愈狭，两边夹立，如行刀背。又石片棱棱⑥怒起，每过一脊，即一峭峰，皆从刀剑隙中攀援而上，如是者三。但见境不容足，安能容湖。既而高峰尽处，一石如劈，向惧石锋撩人，至是且无锋置足矣。踌躇⑦崖上，不敢复向故道。俯瞰南面，石壁下有一级，遂脱奴足布四条，悬崖垂空，先下一奴，余次从之，意可得攀援之路。及下，仅容足，无余地，望岩下，斗[8]深百丈。欲谋复上，而上岩亦嵌空三丈余，不能飞陟。持布上试，布为突石所勒，忽中断。复续悬之，竭力腾挽，得复登上岩。出险，还云静庵，日已渐西。主仆衣履俱敝，寻湖之兴衰矣。遂别而下，复至龙湫，则积雨之后，怒涛倾注，变幻极势。轰雷喷雪，大倍于昨。坐至暝始出，南行四里，宿能仁寺。

① 冰壶、瑶界：俱仙境。　② 潺潺：水流之声。③ 累累：重叠貌。　④ 垤（dié）：小土堆。　⑤ 辙：车轮之迹。　⑥ 棱棱：多角貌。　⑦ 踌躇（chóu chú）：犹疑。　⑧ 斗：与“陡”通，陡峭。

十五日，寺后觅方竹数握，细如枝。林中新条，大可径寸，柔不中杖，老柯斩伐殆尽矣。遂从岐度“四十九盘”，一路遵海而南，逾窑岙岭，往乐清。

游白岳山日记

丙辰岁，余同浔阳叔翁，于正月二十六日，至徽之休宁。出西门，其溪自祁门县来，经白岳，循县而南，至梅口，会郡溪入浙。循溪而上，二十里，至南渡。过桥，依山麓十里，至岩下，已暮。登山五里，借庙中灯，冒雪蹑①冰。二里，过天门。里许，入榔梅庵。路经天门珠帘之胜，俱不暇辨，但闻树间冰响铮铮②。入庵后，大霰作。浔阳与奴子俱后。余独卧山房，夜听水声屋溜③，竟不能寐。

① 蹑（niè）：踩。　② 铮铮（zhēng）：金属相击声。　③ 溜（liù）：滴水。

二十七日，起视满山，冰花玉树，迷漫一色。坐楼中，适浔阳并奴至，乃登太素宫。宫北向，玄帝像乃百鸟衔泥所成，色黧[①]黑。像成于宋，殿新于嘉靖三十七年，庭中碑文，世庙[②]御制也。左右为王灵官、赵元帅殿，俱雄丽。背倚玉屏，前临香炉峰。峰突起数十丈，如覆钟。未游台、宕者或奇之。出庙左，至舍身崖，转而上为紫玉屏，再西为紫霄崖，俱危耸杰起。再西为三姑峰、五老峰，文昌阁据其前。五老比肩[③]，不甚峭削，颇似笔架。返榔梅，循夜来路，下天梯，则石崖三面为围，上覆下嵌，绝似行廊。循崖而行，泉飞落其外，为珠帘水。嵌之深处，为罗汉洞，外开内伏，深且十五里，东南通南渡。崖尽处为天门。崖石中空，人出入其间，高爽飞突，正如阊阖[④]。门外乔楠[⑤]中峙，蟠青丛翠。门内石崖一带，珠帘飞洒，奇为第一。返宿庵中，访五井桥崖之胜。羽士[⑥]汪伯化，约明晨同行。

① 黧（lí）：黑而黄。　② 世庙：即明世宗。③ 比肩：并肩。　④ 阊阖（chāng hé）：天门。《楚辞》："吾令帝阍开关兮，倚阊阖而望予。"一说楚人称门为阊阖，不专指天门。　⑤ 乔楠：高大的楠木。

⑥ 羽士：即羽人。屈原赋：“仍羽人于丹丘。”注：“羽人，飞仙也。”道士亦称羽士，以其学仙也。

二十八日，梦中闻人言大雪，促奴起视，弥山漫谷矣[1]。余强卧。巳刻，同伯化蹑屐，二里，复抵文昌阁。览地天一色，虽阻游五井，更益奇观。

① 弥、漫：皆满之意。

二十九日，奴子报云开，日色浮林端矣。急披衣起，青天一色，半月来所未睹，然寒威殊甚。方促伯化共饭。饭已，大雪复至，飞积盈尺。偶步楼侧，则香炉峰正峙其前。楼后出一羽士，曰程振华者，为余谈九井、桥岩、傅岩诸胜。

三十日，雪甚，兼雾浓，咫尺不辨。伯化携酒，至舍身崖，饮睇元阁。阁在崖侧，冰柱垂垂，大者竟丈。峰峦灭影，近若香炉峰，亦不能见。

二月初一日，东方一缕[1]云开，已而大朗。浔阳以足裂留庵中。余急同伯化蹑西天门而下。十里，过双溪街，山势已开。五里，山复渐合，溪环石映，佳趣盎溢[2]。三里，由溪口循小路入，越一山。二里，至石桥岩，桥侧外岩，高亘如白岳之紫霄。岩下俱因岩为殿。山石皆紫，独有一青石龙蜿蜒于内，头垂空尺余，水下滴曰龙涎泉，颇如雁宕龙鼻水。岩之右，一山横跨而中空，即石桥也。飞虹垂蝀③，下空恰如半月。坐其下，隔山一岫④特起，拱对其上，众峰环侍，较胜齐云天门。即天台石梁，止一石架两山间。此以一山高架，而中空其半，更灵幻矣。穿桥而入，里许，为内岩，上有飞泉飘洒，中有僧斋，颇胜。还饭于外岩。觅导循崖左下，灌莽⑤中，两山夹涧，路棘⑥雪迷，行甚艰。导者劝余趋傅岩，不必向观音岩。余恐不能兼棋盘、龙井之胜，不许。行二里，得涧一泓⑦，深碧无底，亦龙井也。又三里，崖绝涧穷，悬瀑忽自山坳挂下数丈，亦此中奇境。转而上跻⑧，行山脊二里，则棋盘石高峙山巅，形如擎⑨菌，大且数围。登之，积雪如玉。回望傅岩，屼嵲⑩云际。由彼抵棋盘亦近，悔不从导者。石旁有文殊庵，竹石清映。转东而南，二里，越岭二重，山半得观音岩。禅院清整，然无奇景，尤悔觌⑪面失傅岩也。乃越岭，东下深坑，石涧四合，时有深潭，大为渊，小如臼，皆云“龙井”。不能别其孰为“五”，孰为“九”。凡三里，石岩中石脉隐隐⑫，导者指其一为青龙，一为白龙，余笑颔⑬之。又乱崖间，望见一石嵌空，有水下注，外有横石跨之，颇似天台、石梁。伯化以天且晚，请速循涧觅大龙井。忽遇僧自黄山来云：“出此即大溪，行将何观?”遂返。里余，从别径向漆树园，行巉石乱流间，返照映深木，一往幽丽。三里，跻其巅，余以为高埒[14]齐云，及望之，则文昌阁犹巍然[15]也。五老峰正对阁而起。五老之东，为独耸寨，循其坳而出，曰西天门，五老之西，为展旗峰。由其下而渡，曰芙蓉桥。余向出西天门，今自芙蓉桥入也。余望三姑之旁，犹殢[16]日色，遂先登，则落照正在五老间。归庵已晚餐矣。相与追述所历，始知大龙井正在大溪口，足趾已及，而为僧所阻，亦数也。

①缕（lǚ）：线。　②盎（àng）：满。盎溢：谓丰满漫溢。　③蝀（dōng）：虹之别名。　④岫（xiù）：峰峦。　⑤莽：草。灌莽：丛生之草。《尔雅》：“木族生为灌。”　⑥棘：荆棘。此处用作难行之意。　⑦泓（hóng）：水清貌。　⑧跻（jī）：登。　⑨擎（qíng）：举。　⑩屼嵲（wù niè）：高耸貌。　⑪觌（dí）：见。　⑫隐隐：不分明。　⑬颔：点首以示同意。　⑭埒（liè）：相等。　⑮巍然：高大貌。　⑯殢（tì）：淹留之意。

游黄山日记

初二日，自白岳下山，十里，循麓而西，抵南溪桥。渡大溪，循别溪，依山北行，十里，两山峭逼如门，溪为之束。越而下，平畴①颇广。二十里为猪坑。由小路登虎岭，路甚峻。十里，至岭。五里，越其麓。北望黄山诸峰，片片可掇②。又三里，为古楼坳。溪甚阔，水涨无梁，木片弥③布一溪，涉之甚难。二里，宿高桥。

① 畴（chóu）：田。 ② 掇（duō）：拾取。③ 弥（mí）：满。

初三日，随樵者行。久之，越岭二重。下而复上，又越一重，两岭俱峻，曰双岭。共十五里，过江村。二十里，抵汤口。香溪温泉诸水所由出者。折而入山，沿溪渐上，雪且没趾。五里，抵祥符寺，汤泉在隔溪，遂俱解衣赴汤池。池前临溪，后倚壁，三面石甃，上环石如桥，汤深三尺。时凝寒未解，而汤气郁然①，水泡池底汩汩起。气本香冽②，黄贞父谓其不及盘山，以汤口焦村孔道，浴者太杂遝③也。浴毕，返寺。僧挥印引登莲花庵，蹑雪循涧以上。涧水三转：下注而深泓者，曰白龙潭；再上而停涵④石间者，曰丹井；井旁有石突起，曰药臼，曰药铫⑤。宛转随溪，群峰环耸，木石掩映。如此一里，得一庵，僧印我他出，不能登其堂。堂中香炉及钟鼓架，俱天然古木根所为。遂返寺，宿。

① 郁然：蒸汽上腾貌。 ② 冽（liè）：清。 ③ 杂遝（tà）：众多貌。 ④ 涵：潴，水积聚。 ⑤ 铫（diào）：有柄小釜。

初四日，兀坐听雪溜竟日。

初五日，云气甚恶，余强卧至午起。挥印言慈光寺颇近，令其徒引，过汤池。仰见一崖，中悬鸟道，两旁泉泻如练。余即从此攀跻上，泉光云气，撩绕①衣裾。已转而右，则茅庵上下，磬韵香烟，穿石而出，即慈光寺也。寺旧名朱砂庵。比邱[2]为余言："山顶诸静室，径为雪封者两月。今早遣人送粮，山半雪没腰而返。"余兴大阻，由大路二里下山，遂引被卧。

① 撩绕：回从往复貌。 ② 比邱：系梵文音译，俗称和尚。

初六日，天色甚朗。觅导者各携筇[1]上山，过慈光寺，从左上。石峰环夹，其中石级为积雪所平，一望如玉。疏木茸茸[2]中，仰见群峰盘结，天都独巍然上挺。数里，级愈峻，雪愈深，其阴处雪冻成冰，坚滑不容着趾。余独前，持杖凿冰，得一孔置前趾，再凿一孔，以移后趾。从行者俱循此法得度。上至平冈，则莲花、云门诸峰，争奇竞秀，若为天都拥卫者。由此而入，绝巘[3]危崖，尽皆怪松悬结。高者不盈丈，低仅数寸，平顶短鬣[4]，盘根虬[5]干，愈短愈老，愈小愈奇。不意奇山中又有此奇品也！松石交映间，冉冉[6]僧一群从天而下，俱合掌言："阻雪山中已三月，今以觅粮勉到此。公等何由得上也？"且言："我等前海诸庵，俱已下山。后海山路尚未通，惟莲花洞可行耳。”已而从天都峰侧攀而上，透峰罅而下，东转即莲花洞路也。余急于光明顶石笋矼[7]之胜，遂循莲花峰而北。上下数次，至天门。两壁夹立，中阔摩肩，高数十丈。仰面而度，阴森悚骨，其内积雪更深。凿冰上跻，过此得平顶，即所谓前海也。由此更上一峰，至平天矼。矼之兀突独耸者，为光明顶。由矼而下，即所谓后海也。盖平天矼阳为前海，阴为后海，乃极高处，四面皆峻坞[8]，此独若平地。前海之前，天都、莲花二峰最峻。其阳属徽之歙，其阴属宁之太平。余至平天矼，欲望光明顶而上。路已三十里，腹甚枵[9]，遂入矼后一庵。庵僧俱踞石向阳，主僧曰智空，见客色饥，先以粥饷。且曰：“新日太皎[10]，恐非老晴。”因指一僧谓余曰：“公有余力，可先登光明顶，而后中食，则今日犹可抵石笋矼，宿是师处矣。”余如言，登顶，则天都、莲花，并肩其前；翠微、三海门，环绕于后；下瞰[11]绝壁峭岫，罗列坞中，即丞相原也。顶前一石，伏而复起，势若中断，独悬坞中，上有怪松盘盖。余侧身攀踞其上，而浔阳踞大顶相对，各夸胜绝。下入庵，黄粱[12]已熟。饭后，北向过一岭，踯躅[13]菁莽中，入一庵，曰狮子林，即智空所指宿处。主僧霞光，已待我庵前矣。遂指庵北二峰曰：“公可先了此胜。”从之，俯窥其阴，则乱峰列岫，争奇并起。循之西，崖忽中断，架木连之，上有松一株，可攀引而度，所谓接引崖也。度崖，穿石罅而上，乱石危缀间，构木为室，其中亦可置足，然不如踞石下窥，更雄胜耳。下崖，循而东，里许，为石笋矼。矼脊斜亘，两夹悬坞中，乱峰森罗⑭；其西一面，即接引崖所窥者。矼侧一峰突起，多奇石怪松。登之，俯瞰壑中，正与接引崖对瞰，峰回岫转，顿改前观。下峰，则落照拥树，谓明晴可卜，踊跃归庵。霞光设茶，引登前楼。西望碧痕一缕，余疑山影。僧谓：“山影夜望甚近，此当是云气。”余默然，知为雨兆也。

① 筇（qióng）：竹名，通作“邛”。旧以四川邛州得名，可为杖。　② 茸茸（róng）：草木丛生貌。　③ 巘（yǎn）：山峰。　④ 鬣（liè）：松针。⑤ 虬（qiú）：《说文》：“龙子有角者。”　⑥ 冉冉：慢慢。　⑦ 矼（gāng）：通作“杠”，即石桥。　⑧ 坞：山凹。　⑨ 枵（xiāo）：虚。腹甚枵，即饥饿之意。范成大诗有“宝玩何曾救枵腹”之句。　⑩ 皎：光明。　⑪ 瞰（kàn）：俯视。　⑫ 黄粱：谷类之一。

《礼记疏》:“粱谓白粱、黄粱也。”唐时有卢生者,遇道者吕翁于邯郸逆旅。生叹穷困,翁授以一枕,曰:“枕此当荣适如意。”时主人蒸黄粱,生梦入枕中,娶美妇,拥厚产,累官节度使,以破敌功为相十年。子孙罗列,婚媾皆天下望族。年八十而卒。及醒,黄粱犹未熟也。(见《枕中记》)而王安石又有“邯郸四十余年梦,相对黄粱欲熟时”之句。故今黄粱二字,用之已极普通,可以代各种饭食。　⑬ 踯躅(zhí zhú):徘徊不进。　⑭ 森罗:森然罗列于前。

初七日,四山雾合。少顷,庵之东北已开。西南腻①甚,若以庵为界者,即狮子峰亦在时出时没间。晨餐后,由接引崖践雪下,坞半一峰突起,上有一松裂石而出,巨干高不及二尺,而斜拖曲结,蟠翠三丈余,其根穿石上下,几与峰等,所谓“扰龙松”是也。攀玩移时,望狮子峰已出,遂杖而西。是峰在庵西南,为案山。二里,蹑其巅,则三面拔立坞中,其下森峰列岫,自石笋、接引两坞,迤逦②至此,环结又成一胜。登眺间,沉雾渐爽。急由石笋矼北转而下,正昨日峰头所望森阴径也。群峰或上或下,或巨或纤,或直或欹,与身穿绕而过。俯窥辗顾,步步生奇，但壑深雪厚，一步一悚。行五里，左峰腋一窦[3]透明，曰“天窗”。又前，峰旁一石突起，作面壁状，则“僧坐石”也。下五里，径稍夷[4]，循涧而行。忽前涧乱石纵横，路为之塞。越石久之，一阙新崩，片片欲堕，始得路。仰视峰顶，黄痕一方，中间绿字，宛然可辨，是谓“天牌”，亦谓“仙人榜”。又前，鲤鱼石；又前，白龙池；共十五里，一茅出涧边，为松谷庵旧基。再五里，循溪东西行，又过五水，则松谷庵矣。再循溪下，溪边香气袭人，则一梅亭亭正发，山寒稽[5]雪，至是始芳。抵青龙潭，一泓深碧，更会两溪，比白龙潭势既雄壮，而大石磊落[6]，奔流乱注，远近群峰环拱，亦佳境也！还餐松谷，往宿旧庵。余初至松谷，疑已平地。及是询之，须下岭二重，二十里方得平地。至太平县，共三十五里云。

①腻（nì）：凝滞。　②迤逦（yǐ lǐ）：连续旁行。逦，又作“迤”。　③窦（dòu）：穴。　④夷：平。　⑤稽：留止。　⑥磊（lěi）落：本正大之意，此处当作不平解。

初八日，拟寻石笋奥境，竟为天夺，浓雾迷漫。抵狮子林，风愈大，雾亦愈厚。余急欲趋炼丹台，遂转西南。三里，为雾所迷，偶得一庵，入焉。雨大至，遂宿此。

初九日，逾午，少霁。庵僧慈明甚夸西南一带峰岫，不减石笋矼，有“秃颅[①]朝天”“达摩[②]面壁”诸名。余拉浔阳蹈乱流至壑中，北向即翠微诸峦，南向即丹台诸坞，大抵可与狮峰竞驾，未得比肩石笋也。雨踵[③]至，急返庵。

① 无发曰秃，秃颅谓和尚。 ② 达摩：梁时高僧，南天竺王子，姓刹帝利。泛海达广州，普通中，武帝迎至金陵，与谈佛理。不契，折芦渡江，入魏居嵩山少林寺，面壁九年，人莫能测。大同初，卒，葬于熊耳山。 ③ 踵（zhǒng）：追随于后。

初十日，晨，雨如注[①]。午少停，策杖二里，过飞来峰，此平天矼之西北岭也。其阳坞中，峰壁森峭，正与丹台环绕。二里，抵台。一峰西垂，顶颇平伏。三面壁翠合沓[②]，前一小峰起坞中，其外则翠微峰、三海门，蹄股拱峙。登眺久之。东南一里，绕出平天矼下，雨复大至，急下天门。两崖隘[3]肩，崖额飞泉，俱从人顶泼下。出天门，危崖悬叠，路缘崖半，比后海一带，森峰峭壁，又转一境。“海螺石”即在崖旁，宛转酷肖。来时忽不及察，今行雨中，颇稔[4]其异，询之始知。已趋大悲庵，由其旁复趋一庵，宿悟空上人处。

① 注：水流射。 ② 合沓（tà）：重叠。 ③ 隘：与“厄”同，阻塞。 ④ 稔（rěn）：熟悉。

十一日，上百步云梯。梯磴插天，足趾及腮，而磴[1]石倾侧崟岈[2]，兀兀[3]欲动。前下时以雪掩其险，至此骨意俱悚。上云梯，即登莲花峰道。又下转，由峰侧而入，即文殊院、莲花洞道也。以雨不止，乃下山，入汤院，复浴。由汤口出，二十里，抵芳村。十五里，抵东潭，溪涨不能渡而止。黄山之流，如松谷、焦村，俱北出太平；即南流如汤口，亦北转太平入江。惟汤口西有流，至芳村而巨，南趋岩镇，至府西北，与绩溪会。

① 磴（dèng）：山石平坦可登者。 ② 崟岈（hán xiā）：不平貌。 ③ 兀兀（wù）：高峻貌。

游武彝山日记

二月二十一日，出崇安南门，觅舟。西北一溪自分水关，东北一溪自温岭关，合注于县南，通郡省而入海。顺流三十里，见溪边一峰横欹，一峰独耸。余咤[①]而瞩[②]目，则欹者幔亭峰，耸者大王峰也。峰南一溪，东向而入大溪者，即武彝溪也。冲佑宫傍峰临溪。余欲先抵九曲，然后顺流探历，遂舍宫不登，逆流而进。流甚驶，舟子跣[③]行溪间以挽舟。第一曲，右为幔亭峰、大王峰，左为狮子峰、观音岩，而溪右之濒水者曰水光石，上题刻殆遍。二曲之右，为铁板嶂、翰墨岩，左为兜鍪[④]峰、玉女峰；而板嶂之旁，崖壁峭立，间有三孔，作品字状。三曲，右为会仙岩，左为小藏峰、大藏峰。大藏壁立千仞[⑤]，崖端穴数孔，乱插木板如机杼[⑥]。一小舟斜架穴口木末，号曰“架壑舟”。四曲，右为钓鱼台、希真岩，左为鸡栖岩、晏仙岩。鸡栖岩半有洞，外隘中宏，横插木板，宛然埘桀[7]。下一潭深碧，为卧龙潭。其右大隐屏、接笋峰，左更衣台、天柱峰者，五曲也。文公[8]书院正在大隐屏下。抵六曲，右为仙掌岩、天游峰，左为晚对峰、响声岩。回望隐屏、天游之间，危梯飞阁悬其上，不胜神往，而舟亦以溜急不得进，还泊曹家石。登陆，入云窝，排云穿石，俱从乱崖中宛转得路。窝后即接笋峰，峰骈附于大隐屏，其腰横两截痕，故曰接笋。循其侧石隘，跻磴数层，四川环翠，中留隙地如掌者为茶洞。洞口由西入，口南为接笋峰，口北为仙掌岩。仙掌之东为天游，天游之南为大隐屏。诸峰上皆峭绝，而下复攒凑，外无磴道，独西通一罅，比天台之明岩，更为奇矫[9]也。从其中攀跻登隐屏，至绝壁处，悬大木为梯，贴壁直竖云间。梯凡三接，级共八十一。级尽，有铁索横系山腰，下凿坎受足。攀索转峰而西，夹壁中有冈介其间，若垂尾，凿磴以登，即隐屏顶也。有亭有竹，四面悬崖，凭空下眺，真仙凡夐[10]隔。仍悬梯下，至茶洞，仰视所登之处，崭然[11]在云汉。隘口北崖即仙掌岩。岩壁屹立[12]雄展，中有斑痕如人掌，长盈丈者数十行。循崖北上，至巅，落照侵松，山光水曲，交加入览。南转，行夹谷中。谷尽，忽透出峰头，三面壁立，有亭踞其首，即天游峰矣。是峰处九曲之中，不临溪，而九曲之溪三面环之。东望为大王峰，而一曲至三曲之溪环之。南望为更衣台，南之近者，则大隐屏诸峰也，四曲至六曲之溪环之。西望为三教峰，西之近者，则天壶诸峰也，七曲至九曲之溪环之。惟北向无溪，而山从水帘诸山层叠而来，至此中悬。其前之俯而瞰者，即茶洞也。自茶洞仰眺，但见绝壁干霄，泉从侧间泻下，初不知其上有峰可憩。其不临溪而能尽九溪之胜，此峰固应第一也。立台上，望落日半规⑬，远近峰峦，青紫万状。台后为天游观。亟辞去，抵舟，已入暝⑭矣。

① 咤（zhà）：惊异。 ② 瞩（zhǔ）：注视。 ③ 跣（xiǎn）：赤足。 ④ 兜鍪（móu）：头盔，战时冠之。 ⑤ 仞（rèn）：古以周尺八尺为仞，或谓七尺，或谓四尺。 ⑥ 机杼（zhù）：织具。 ⑦ 埘（shí）：凿墙为鸡栖处。榤（jié）：《尔雅》："鸡栖于杙为榤。"杙即小木桩。 ⑧ 宋朱熹谥曰"文"，后又追赠徽国公，故称之为朱文公。 ⑨ 奇娇：奇特。 ⑩ 敻（xiòng）：远。 ⑪ 崭然：山尖锐貌。 ⑫ 屹立：

巍然不动貌。 ⑬ 规：圆形。 ⑭ 暝（míng）：夜。

二十二日，登涯，辞仙掌而西。余所循者，乃溪之右涯，其隔溪则左涯也。第七曲，右为三仰峰、天壶峰，左为城高岩。三仰之下为小桃源，崩崖堆错，外成石门。由门伛偻而入，有地一区，四山环绕，中有平畦[①]曲涧，围以苍松翠竹，鸡声人语，俱在翠微[②]中。出门而西，即为北廊岩，岩顶即为天壶峰。其对岸之城高岩，矗然[③]独上，四旁峭削如城。岩顶有庵，亦悬梯可登，以隔溪不及也。第八曲，右为鼓楼岩、鼓子岩，左为大廪石、海蚱石。余过鼓楼岩之西，折而北行坞中，攀援上峰顶，两石兀立[④]如鼓，鼓子岩也。岩高亘亦如城。岩下深坳，一带如廊，架屋横栏其内，曰鼓子庵。仰望岩上，乱穴中，多木板横插。转岩之后，壁间一洞更深敞[⑤]，曰吴公洞。洞下梯已毁，不能登。望三教峰而趋，缘山越磴，深木蓊苁其上。抵峰，有亭缀其旁，可东眺鼓楼、鼓子诸胜。山头三峰，石骨挺然并矗。从石罅间蹑磴而升，傍崖得一亭。穿亭入石门，两崖夹峙，壁立参天，中通一线，上下尺余。人行其间，毛骨阴悚。盖三峰攒立，此其两峰之罅，其侧尚有两罅，无此整削。已下山，转至山后，一峰与猫儿石相对峙，盘亘亦如鼓子，为灵峰之白云洞。至峰头，从石罅中累级而上，两壁夹立，颇似黄山之天门。级穷，迤逦至岩下，因岩架屋，亦如鼓子。登楼南望，九曲上游，一洲中峙，溪自西来，分而环之，至曲复合为一。洲外两山渐开，九曲已尽。是岩在九曲尽处，重岩回叠，地甚幽爽。岩北尽处，更有一岩尤奇：上下皆绝壁，壁间横坳仅一线，须伏身蛇行，盘壁而度，乃可入，余即从壁坳行。已而坳渐低，壁渐危，则就而伛偻；愈低愈狭，则膝行蛇伏。至坳转处，上下仅悬七寸，阔止尺五，坳外壁深万仞，余匍匐[⑥]以进，胸背相摩，盘旋久之，得度其险。岩果轩敞层叠，有斧凿置于中，欲开道而未就也。半晌，返前岩。更至后岩，方构新室，亦幽敞可爱。出向九曲溪，则狮子岩在焉。循溪而返，隔溪观八曲之“人面石”，七曲之城高岩，种种神飞。复泊舟，由云窝入茶洞，穹窿[⑦]窈窕[⑧]，再至矣，冉不能去。已由云窝左转，入伏羲洞，洞颇阴森。左出大隐屏之阳，即紫阳书院[⑨]，谒先生庙像。顺流鼓棹，两崖苍翠纷飞，翻恨舟行之速。已过天柱峰、更衣台，泊舟四曲之南涯。自御茶园登岸，欲绕出金鸡岩之上，迷荆丛棘，不得路。乃从岩后大道东行，冀有旁路可登大藏、小藏诸峰，复不得。透出溪旁，已在玉女峰下。欲从此寻一线天，彷徨[10]无可问，而舟泊金鸡洞下，迥不相闻。乃沿溪觅路，迤逦大藏、小藏之麓。一带峭壁高骞[11]砂碛崩壅，土人多植茶其上。从茗柯[12]中行，下瞰深溪，上仰危崖，所谓仙学堂、藏仙窟，俱不暇辨。已至架壑舟，仰见虚舟宛然，较前溪中所见更悉。大藏之西，其路渐穷。向荆棘中扪壁而上。还瞰大藏西岩，亦架一舟，但两崖对峙，不能至其地也。忽一舟自二曲逆流而至，急下山招之。其人以舟来受，亦游客初至者，约余返更衣台，同览一线天、虎啸岩诸胜。过余泊舟处，并棹顺流而下。欲上幔亭，问大王峰。抵一曲之“水光石”，约舟待溪口。余复登涯，少入，至止止庵。望庵后有路可上，遂趋之。得一岩，僧诵经其中，乃禅岩也。登峰之路，尚在止止庵西。仍下庵前西转，登山，二里许，抵峰下。从乱菁中寻登仙石，石旁峰突起，作仰企状。“鹤模石”在峰壁罅间，霜翎朱顶，裂纹如绘。旁路穷，有梯悬绝壁间，蹑而上，摇摇欲堕。梯穷，得一岩，则张仙遗蜕[13]也。岩在峰半，觅徐仙岩，皆石壁，不可通。下梯寻别道，又不可得。蹑石则峭壁无阶，投莽则深密莫辨。佣夫在前，得断磴，大呼得路。余裂衣不顾，趋就之，复不得前。日已西薄，遂以手悬棘，乱坠而下。得道已在万年宫右。趋入宫，宫甚森敞。羽士迎言：“大王峰顶久不能到，惟张岩梯在；峰顶六梯及徐岩梯，俱已朽坏。徐仙蜕已移入会真庙矣。”出宫右转，过会真庙。庙前大枫扶疏⑭，荫数亩，围数十抱。别羽士归舟。

①畦（qí）：田一区谓之一畦。 ②翠微：山气青缥之色。 ③矗（chù）然：耸起貌。 ④兀立：屹立。 ⑤敞：宽广。 ⑥匍匐：伏行。 ⑦穹窿：亦作穹隆，长曲貌。 ⑧窈窕：深远。 ⑨紫阳书院：紫阳，山名，在安徽歙县城南，宋朱松读书其上。后其子朱熹居福建之崇安，厅堂曰紫阳书屋，后人因建紫阳书院。 ⑩彷徨：徘徊。 ⑪骞（qiān）：高昂着头。 ⑫茗：茶芽。柯：草木枝茎。茗柯：即茶树。 ⑬蜕（tuì）：蛇、蝉等所脱之皮。遗蜕：神仙所遗之躯壳。 ⑭扶疏：繁茂。

二十三日，登陆，觅换骨岩、水帘洞诸胜。命移舟十里，候于赤石街。余乃入会真观，谒武彝君及徐仙遗蜕。出庙，循幔亭东麓，北行二里，见幔亭峰后，三峰骈立。异而问之，三姑峰也。换骨岩即在其旁，望之趋，登山里许，飞流汩然下泻。俯瞰其下，亦有危壁，泉从壁半突出，疏竹掩映，殊有佳致。然业已上登，不及返顾。遂从三姑又上半里，抵换骨岩，岩即幔亭峰后崖也。岩前有庵。从岩后悬梯两层，更登一岩，岩不甚深，而环绕山巅如叠嶂。土人新以木板循岩为室，曲直高下，随岩宛转。循岩隙攀跻而上，几至幔亭之顶，以路塞而止。返至三姑峰麓，绕出其后，复从旧路下，至前所瞰突泉处。从此越岭，即水帘洞路。从此而下，即突泉壁也。余前从上瞰，未尽其妙，至是复造其下，仰望突泉，又在半壁之上，旁引水为碓[1]，有梯架之，凿壁为沟以引泉。余循梯攀壁，至突泉下。其坳仅二丈，上下俱危壁，泉从上壁堕坳中，复从坳中溢而下堕。坳之上下四旁，无处非水，而中有一石突起可坐。坐久之，下壁，循竹间路，越岭三重，从山腰约行七里，乃下坞，穿石门而上。半里，即水帘洞，危崖千仞，上突下嵌，泉从岩顶堕下。岩既雄扩，泉亦高散，千条万缕，悬空倾泻，亦大观也。其岩高矗上突，故岩下构室数重，而飞泉犹落槛外。先在途闻睹阁寨颇奇，道流指余仍旧路，越山可至。余出石门，爱坞溪之胜，误走赤石街道。途人指从此度小桥而南，亦可往，从之。登山入一隘，两山夹之，内有岩有室，题额乃杜辖岩，土人讹为“睹阁”耳。再入，又得一岩，有曲槛悬楼，望赤石街甚近。遂从旧路，三里，渡一溪。又一里，则赤石街大溪也。下舟挂帆，二十里，返崇安。

① 碓（duì）：舂具。

游庐山日记

戊午，余同兄雷门、白夫，以八月十八日，至九江。易小舟，沿江南入龙开河。二十里，泊李裁缝堰。登陆，五里，过西林寺，至东林寺。寺当庐山之阴，南面庐山，北倚东林山。山不甚高，为庐之外廓。中有大溪，自东而西，驿路界其间，为九江之建昌孔道。寺前临溪，入门为虎溪桥，规模甚大。正殿夷毁[1]，右为三笑堂。

① 夷毁：毁于火。

十九日，出寺，循山麓西南行。五里，越广济桥，始舍官道，沿溪东向行。又二里，溪回山谷，雾色霏霏[1]如雨。一人立溪口，问之，由此东上，为天池大道。南转登石门，为天池寺之侧径。余稔知石门之奇，路险莫能上，遂倩[2]其人为导，约二兄径至天池相待。遂南渡小溪二重，过报国寺，从碧条香蔼中攀陟。五里，仰见浓雾中双石屼立[3]，即石门也。一路由石隙而入，复有二石峰对峙。路宛转峰罅，下瞰绝涧诸峰，在铁船峰旁，俱从涧底矗耸直上。离立咫尺[4]，争雄竞秀，而层烟叠翠，澄映四外。其下喷雪奔雷，腾空震荡，耳目为之狂喜。门内对峰倚壁，都结层楼危阙[5]。徽人邹昌明、毕贯之新建精庐[6]，僧容成焚修[7]其间。从庵后小径，复出石门一重，俱从石崖上，上攀下蹑。磴穷则挽藤，藤绝置木梯以上。如是二里，至狮子岩。岩下有静室。越岭，路颇平。再上里许，得大道，即自郡城南来者。历级而登，殿已当前，以雾故不辨。逼之，而朱楹彩栋，则天池寺也，盖毁而新建者。由右庑[8]侧登聚仙亭，亭前一崖突出，下临无地，曰文殊台。出寺，由大道左登披霞亭。亭侧岐路东上山脊，行三里。由此再东二里，为大林寺。由此北折而西，曰白鹿升仙台。北折而东，曰佛手岩。升仙台三面壁立，四旁多乔松。高帝[9]御制周颠仙[10]庙碑在其顶，石亭覆之，制甚古。佛手岩穹然轩峙[11]，深可五六丈。岩端石岐横出，故称“佛手”。循岩侧庵右行，崖石两层，突出深坞，上平下仄[12]，访仙台遗址也。台后石上书“竹林寺”三字。竹林为匡庐[13]幻境，可望不可即。台前风雨中，时时闻钟梵声[14]，故以此当之。时方云雾迷漫，即坞中景，亦如海上三山[15]，何论竹林。还出佛手岩，由大路东抵大林寺。寺四面峰环，前抱一溪。溪上树大三人围，非桧非杉，枝头着子累累[16]。传为宝树，来自西域[17]。向有二株，为风雨拔去其一矣。

① 霏霏（fēi）：此处为雾色深浓之貌。　② 倩（qìng）：雇、代。　③ 屼（wù）立：高耸秃立。④ 咫（zhǐ）：周尺八寸谓之咫，合营造尺六寸四分八厘。咫尺：近。　⑤ 阙：门观，谓为二台于门外，作楼观于上，中央阙而为道，故谓之阙。　⑥ 精庐：讲学之所。　⑦ 焚修：焚香修道。　⑧ 庑（wǔ）：堂下周屋，亦谓之廊。　⑨ 高帝：明太祖朱元璋。　⑩ 周颠仙：明建昌人，无名字。年十四，得狂疾，走南昌市中乞食，语言无恒，人呼之曰“颠”。年三十余，忽有异状。长官初至，必入谒曰：“告太平。”后随太祖至金陵，颠愈甚，太祖厌之。及征陈友谅，携与偕行。恶其妄言惑军心，命投于江。师次湖口，复来见，寻去。后往庐山物色

之，不可得。太祖亲撰《周颠仙传》纪其事。 ⑪ 穹然轩峙：犹巍然高耸。 ⑫ 仄：不平。 ⑬ 匡庐：即庐山，因殷周时有匡俗兄弟七人结庐于此，故名。⑭ 钟梵声：击钟诵经之声。 ⑮《史记》：“蓬莱、方丈、瀛洲，此三神山者，在渤海中，诸仙人及不死药在焉，而黄金白银为宫阙。”又名三壶，如《搜神记》云：“三壶者，海中三山也，一曰方壶，二曰蓬壶，三曰瀛壶。山形似壶，故曰壶也。” ⑯ 累累：连系成串。⑰ 西域之名，始于汉时，指敦煌以西诸国。

二十日，晨雾尽收。出天池，趋文殊台。四壁万仞，俯视铁船峰，正可飞舄①。山北诸山，伏如聚螘②。匡湖洋洋山麓，长江带之，远及天际。因再为石门游。三里，度昨所过险处，至则容成方持贝叶③出迎，喜甚，导余历览诸峰。上至神龙宫右，折而下，入神龙宫。奔涧鸣雷，松竹荫映，山峡中奥寂境也。循旧路，抵天池下，从岐径东南行，十里，升降于层峰幽涧，无径不竹，无阴不松，则金竹坪也。诸峰隐护，幽倍天池，旷则逊之。复南三里，登莲花峰侧，雾复大作。是峰为天池案山，在金竹坪则左翼也。峰顶丛石嶙峋④，雾隙中时作窥人态，以雾不及登。越岭东向二里，至仰天坪，因谋尽汉阳之胜。汉阳为庐山最高顶，此坪则为僧庐之最高者。坪之阴⑤，水俱北流，从九江。其阳⑥，水俱南下，属南康。余疑坪去汉阳当不远，僧言中隔桃花峰，尚有十里遥。出寺，雾渐解。从山坞西南行，循桃花峰东转，过晒谷石，越岭南下，复上，则汉阳峰也。先是遇一僧，谓峰顶无可托宿，宜投慧灯僧舍，因指以路。未至峰顶，二里，落照盈山。遂如僧言，东向越岭，转而西南，即汉阳峰之阳也。一径循山，重嶂幽寂，非复人世。里许，蓊然⑦竹丛中，得一龛⑧。有僧短发覆额，破衲⑨赤足者，即慧灯也。方挑水磨腐。竹内僧三四人，衣履揖客，皆慕灯远来者。复有赤脚短发僧，从崖间下。问之，乃云南鸡足山僧。灯有徒，结茅⑩于内，其僧历悬崖访之，方返耳。余即拉一僧为导，攀援半里，至其所。石壁峭削，悬梯以度，一茅如慧灯龛。僧本山下民家，亦以慕灯居此。至是而上仰汉阳，下俯绝壁，与世夐⑪隔矣。暝色已合，归宿灯龛。灯煮腐相饷，前指路僧亦至。灯半月一腐，必自己出，必遍及其徒。徒亦自至，来僧其一也。

① 飞舄（xì）：指神仙来去。东汉王乔，明帝时为尚

书郎，出为叶令，朔望常自县来朝。帝怪其来数而不见车骑，令太史伺之，言其临至有双凫飞来。于是候凫至，举罗张之，得一舄，即所赐履。 ② 蚢：“蚁”本字。 ③ 贝叶：贝多树之叶。贝多树，系棕榈类，产于印度。其叶可裁为纸，佛教徒用以写经，故称佛经为贝叶。 ④ 嶙峋：山崖重深貌。 ⑤ 阴：山之北。 ⑥ 阳：山之南。 ⑦ 蓊然：盛貌。 ⑧ 龛（kān）：浮图塔，一说塔下室。俗谓供佛之小室曰佛龛。 ⑨ 衲（nà）：僧衣。 ⑩ 结茅：建屋。 ⑪ 敻（xiòng）：远。

二十一日，别灯。从龛后小径，直跻汉阳峰。攀茅拉棘，二里，至峰顶。南瞰鄱湖，水天浩荡。东瞻湖口，西盼建昌。诸山历历[①]，无不俯首失恃。惟北面之桃花峰，铮铮[②]比肩，然昂霄逼汉，此其最矣。下山二里，循旧路，向五老峰。汉阳、五老，俱匡庐南面之山，如两角相向，而犁头尖界其中。退于后，故两峰相望甚近。而路必仍至金竹坪，绕犁头尖后，出其左胁北转，始达五老峰。自汉阳计之，且三十里。余始至岭角，望峰顶坦夷[③]，莫详五老面目。及至峰顶，风高水绝，寂无居者。因遍历五老峰，始知是山之阴，一冈连属。阳则山从绝顶平剖，列为五枝，凭空下坠者万仞，外无重冈叠嶂之蔽，际目④甚宽。然彼此相望，则五峰排列自掩，一览不能兼收。惟登一峰，则两旁无底，峰峰各奇不少让，真雄旷之极观也。仍下二里，至岭角。北行山坞中，里许，入方广寺，为五老新刹⑤。僧知觉甚稔三叠之胜，言道路极艰，促余速行。北行一里，路穷，渡涧。随涧东西行，鸣流下注乱石，两山夹之。丛竹修⑥枝，郁葱⑦上下。时时仰见飞石，突缀其间，转入转佳。既而涧旁路亦穷，从涧中乱石行，圆者滑足，尖者刺履。如是三里，得绿水潭。一泓深碧，怒流倾泻于上，流者喷雪，停者毓黛。又里许，为大绿水潭。水势至此将堕，大倍之，怒亦益甚。潭前峭壁乱耸，回互逼立，下瞰无底，但闻轰雷倒峡之声，心怖目眩，泉不知从何坠去也。于是涧中路亦穷，乃西向登峰。峰前石台鹊起⑧，四瞰层壁，阴森偪侧。泉为所蔽，不得见。必至对面峭壁间，方能全收其胜。乃循山冈，从北东转。二里，出对崖，下瞰，则一级、二级、三级之泉，始依次悉见。其坞中一壁，有洞如门者二，僧辄指为竹林寺门云。顷之，北风自湖口吹上，寒生粟起⑨。急返旧路，至绿水潭。详观之，上有洞翕然⑩下坠。僧引入其中，曰："此亦竹林寺三门之一。"然洞本石罅夹起，内横通如十字，南北通明，西入似无底止。出，溯溪而行，抵方广，已昏黑。

① 历历：分明。 ② 铮铮：屹立貌。 ③ 坦夷：平。 ④ 际目：犹接目。 ⑤ 刹（chà）：僧寺。 ⑥ 修：长。 ⑦ 郁葱：草木茂盛。 ⑧ 鹊起：此处为隆起之意。 ⑨ 寒生粟起：言皮肤受寒而起如粟之点。 ⑩ 翕（xī）然：低陷貌。

二十二日，出寺，南渡溪，抵犁头尖之阳。东转下山，十里，至楞伽[①]院侧。遥望山左胁，一瀑从空飞坠，环映青紫，夭矫[②]滉漾[③]，亦一雄观。五里，过栖贤寺，山势至此始就平。以急于三峡涧，未之入。里许，至三峡涧。涧石夹立成峡，怒流冲激而来，为峡所束，回奔倒涌，轰振山谷。桥悬两崖石上，俯瞰深峡中，迸珠戛玉[④]。过桥，从岐路东向，越岭，趋白鹿洞，路皆出五老峰之阳。山田高下，点错民居。横历坡陀[⑤]，仰望排嶂[⑥]者三里，直入峰下，为白鹤观。又东北行三里，抵白鹿洞，亦五老峰前一山坞也。环山带溪，乔松错落。出洞，由大道行，为开先道。盖庐山形势，犁头尖居中而少逊，栖贤寺实中处焉。五老左突，下即白鹿洞。右峙者，则鹤鸣峰也。开先寺当其前。于是西向循山，横过白鹿、栖贤之大道。十五里，经万松寺，陟一岭而下，山寺巍然南向者，则开先寺也。从殿后登楼眺瀑，一缕垂垂，尚在五里外，半为山树所翳⑦，倾泻之势，不及楞伽道中所见。惟双剑崭崭⑧众峰间，有芙蓉插天之态。香炉一峰，直山头圆阜耳。从楼侧西下壑，涧流铿然⑨，泻出峡石，即瀑布下流也。瀑布至此，反隐不复见，而峡水汇为龙潭，澄映心目。坐石久之，四山暝色。返宿于殿西之鹤峰堂。

① 楞伽（léng jiā）：佛经名，刘宋时译。名《楞伽阿拔多罗宝经》，义旨深奥，为大乘之要籍，亦作“骏迦”。《翻译名义集》云：“僧伽罗国东南隅有骏迦山，佛于此说《骏迦经》。”僧伽罗即今斯里兰卡。　② 夭矫（jiǎo）：飞腾貌。　③ 滉漾（huàng yàng）：水摇动貌。　④ 迸（bèng）：散走。戛（jiá）：击。迸珠戛玉：言如珠之散走而声如击玉。　⑤ 山旁曰坡，岩际曰陀。　⑥ 山峰如屏障者曰嶂。　⑦ 翳：隐蔽。　⑧ 崭崭：山尖锐貌。　⑨ 铿（kēng）然：响亮。

二十三日，由寺后侧径登山。越涧盘岭，宛转山半。隔峰复见一瀑并挂。瀑布之东，即马尾泉也。五里，攀一尖峰，绝顶为文殊台。孤峰拔起，四望无倚。顶有文殊塔。对崖削立万仞，瀑布轰轰[①]下坠，与台仅隔一涧，自巅至底，一目殆无不尽。不登此台，不悉此瀑之胜。下台，循山冈西北溯溪，即瀑布上流也。一径忽入，山回谷抱，则黄岩寺据双剑峰下。越涧再上，得黄石岩。岩石飞突，平覆如砥。岩侧茅阁方丈，幽雅出尘[②]。阁外修竹数竿，拂群峰而上，与山花霜叶映配峰际。鄱湖一点，正当窗牖。纵步溪石间，观断崖夹壁之胜。仍饭开先，遂别去。

① 轰轰：喧扰之声。　② 出尘：超乎尘俗之外。

游黄山日记后

戊午九月初三日，出白岳榔梅庵，至桃源桥。从小桥右下，陡甚，即旧向黄山路也，七十里，宿江村。

初四日，十五里，至汤口。五里，至汤寺，浴于汤池。扶杖望珠砂庵而登，十里，上黄泥冈。向时云里诸峰，渐渐透出，亦渐渐落吾杖底。转入石门，越天都之胁而下，则天都、莲花二顶，俱秀[①]出天半。路旁一岐东上，乃昔所未至者，遂前趋直上，几达天都侧。复北上，行石罅中，石峰片片夹起，路宛转石间，塞者凿之，陡者级之，断者架木通之，悬者植梯接之。下瞰峭壑阴森[②]，枫松相间，五色纷披[③]，灿若图绣。因念黄山当生平奇览，而有奇若此，前未一探，兹游快且愧矣。时夫仆俱阻险行后，余亦停弗上。乃一路奇景，不觉引余独往。既登峰头，一庵翼然[4]，为文殊院，亦余昔年欲登未登者。左天都，右莲花，背倚玉屏风。两峰秀色，俱可手擥[5]，四顾奇峰错列，众壑纵横，真黄山绝胜处。非再至，焉知其奇若此？遇游僧澄源至，兴甚勇。时已过午，奴辈适至，立庵前，指点两峰。庵僧谓："天都虽近而无路，莲花可登而路遥，只宜近盼天都，明日登莲顶。"余不从，决意游天都。挟澄源、奴子，仍下峡路，至天都侧，从流石蛇行[6]而上，攀草牵棘，石块丛起，则历块，石崖侧削，则援崖。每至手足无可着处，澄源必先登垂接。每念上既如此，下何以堪？终亦不顾，历险数次，遂达峰顶。惟一石顶，壁起犹数十丈，澄源寻视其侧，得级，挟予以登，万峰无不下伏，独莲花与抗耳。时浓雾半作半止，每一阵至，则对面不见，眺莲花诸峰，多在雾中。独上天都，予至其前，则雾徙于后，予越其右，则雾出于左。其松犹有曲挺纵横者，柏虽大干如臂，无不平贴石上，如苔藓然。山高风巨，雾气去来无定，下盼诸峰，时出为碧峤，时没为银海。再眺山下，则日光晶晶[7]，别一区宇也。日渐暮，遂前其足，手向后据地，坐而下脱。至险绝处，澄源并肩手相接。度险，下至山坳，暝色已合。复从峡度栈以上，止文殊院。

① 秀：特异而美观曰秀。 ② 阴森：幽暗之貌。 ③ 纷披：杂乱。 ④ 翼然：如张鸟翼。 ⑤ 擥（lǎn）：揽。 ⑥ 蛇行：匍匐。 ⑦ 晶晶：明亮。

初五日，平明，从天都峰坳中北下二里，石壁岈然，其下莲花洞，正与前坑石笋对峙，一坞幽然。别澄源，下山，至前岐路侧，向莲花峰而趋。一路沿危壁西行，凡再降升，将下百步云梯①，有路可直跻莲花峰。既陟而磴绝，疑而复下。隔峰一僧高呼曰："此正莲花道也！"乃从石坡侧度石隙，径小而峻，峰顶皆巨石鼎峙，中空如室，从其中叠级直上，级穷洞转，屈曲奇诡，如下上楼阁中，忘其峻出天表也。一里，得茅庐，倚石罅中，方徘徊欲升，则前呼道之僧至矣。僧号凌虚，结茅于此者，遂与把臂陟顶。顶上一石，悬隔二丈，僧取梯以度。其巅廓然②，四望空碧，即天都亦俯首矣。盖是峰居黄山之中，独出诸峰上，四面岩壁环耸，遇朝阳霁色，鲜映层发，令人狂叫欲舞。久之，返茅庵，凌虚出粥相饷，啜一盂，乃下。至岐路侧，过大悲顶，上天门。三里，至炼丹台。循台嘴而下，观玉屏风、三海门诸峰，悉从深坞中壁立起。

其丹台一冈中垂，颇无奇峻，惟瞰翠微之背，坞中峰峦错耸，上下周映，非此不尽瞻眺之奇耳。还过平天矼，下后海，入智空庵，别焉。三里，下狮子林，趋石笋矼，至向年所登尖峰上，倚松而坐，瞰坞中峰石回攒，藻缋[3]满眼，始觉匡庐、石门，或具一体，或缺一面，不若此之闳博富丽也。久之，上接引崖，下眺坞中，阴阴觉有异。复至冈上尖峰侧，践流石，援棘草，随坑而下，愈下愈深，诸峰自相掩蔽，不能一目尽也。日暮，返狮子林。

① 云梯：假设之辞，言梯之高如上青云。 ② 廓（kuò）然：空旷貌。 ③ 缋：同“绘”。藻缋：喻文采。

初六日，别霞光，从山坑向丞相原。下七里，至白沙岭，霞光复至。因余欲观牌楼石，恐白沙庵无指者，追来为导。遂同上岭，指岭右隔坡，有石丛立，下分上并，即牌楼石也。余欲逾坑溯涧，直造其下。僧谓：“棘迷路绝，必不能行，若从坑直下丞相原，不必复上此岭。若欲从仙灯而往，不若即由此岭东向。”余从之，循岭脊行，岭横亘天都、莲花之北，狭甚，旁不容足，南北皆崇峰夹映。岭尽北下，仰瞻右峰罗汉石，圆头秃顶，俨然[1]二僧也。

下至坑中，逾涧以上，共四里，登仙灯洞。洞南向，正对天都之阴。僧架阁连板于外，而内犹穹然，天趣未尽刊[②]也。复南下三里，过丞相原，山间一夹地耳。其庵颇整，四顾无奇，竟不入。复南向循山腰行。五里，渐下，涧中泉声沸然，从石涧九级下泻，每级一下，有潭渊碧，所谓九龙潭也。黄山无悬流飞瀑，惟此耳。又下五里，过苦竹滩，转循太平县路，向东北行。

① 俨（yǎn）然：相似貌。　② 刊：削除。

游九鲤湖日记

浙闽之游旧矣！余志在蜀之峨眉，粤之桂林，及太华、恒岳诸山。若罗浮、衡岳，次也，至越之五泄，闽之九漈，又次也。然蜀、广、关中，母老道远，未能卒游，衡湘可以假道，不必专游。计其近者，莫若由江郎三石抵九漈[①]。遂以庚申午节后一日，期芳若叔父启行，正枫亭荔枝新熟时也。

① 漈（jì）：水涯。

二十三日，始过江山之青湖。山渐合，东支多危峰峭嶂，西伏不起。悬望东支尽处，其南一峰特耸，摩云插天，势欲骞腾，问之，即江郎山也。望而趋，二十里，过石门街，渐趋渐近，忽裂而为二，转而为三。已复半岐其首，根直剖下，迫之，则又上锐下敛，若断而复连者，移步换形，与云同幻矣。夫雁宕灵峰、黄山石笋，森立峭拔，已为瑰[1]观，然俱在深谷中，诸峰互相掩映，反失其奇。即缙云鼎湖，穹然独起，势更伟俊，但步虚山即峙于旁，各不相降，远望若与为一，不若此峰特出众山之上，自为变幻，而各尽其奇也。

① 瑰（guī）：珍奇。

六月初七日，抵兴化府。

初八日，出莆郡西门，西北行五里，登岭，四十里，至莒溪，降陟不啻数岭矣。莒溪即九漈下流。过莒溪公馆，二里，由石步过溪。又二里，一侧径西向山坳。北复有一磴，可转上山。时山深日酷，路绝人行，迷不知所往。余意鲤湖之水，历九漈而下，上跻必有奇境，遂趋石磴道。芳叔与奴辈惮高陟，皆以为误，顷之，境渐塞，彼益以为误，而余行益励。既而愈上愈高，杳无所极，烈日薰铄[1]，余亦自苦倦矣。数里，跻岭头，以为绝顶也。转而西，山之上高峰复有倍此者。循山屈曲行，三里，平畴荡荡，正似武陵误入②，不复知在万峰顶上也。中道有亭，西来为仙游道，东即余所行。南过通仙桥，越小岭而下，为公馆，为钟鼓楼之蓬莱石，则雷轰漈在焉。涧出蓬莱石旁，其底石平如砺，水漫流石面，匀如铺縠。少下，而平者多洼，其间，圆穴为灶、为臼、为樽、为井，皆以丹名，九仙③之遗也。平流至此，忽下堕湖中，如万马初发，诚有雷霆之势，则第一漈之奇也。九仙祠即峙其西，前临鲤湖。湖不甚浩荡，而澄碧一泓，于万山之上，围青漾④翠，造物之酝灵亦异矣。祠右有石鼓、元珠、古梅洞诸胜。梅洞在祠侧，驾大石而成者，有罅成门，透而上。旧有九仙阁，祠前旧有水晶宫，今俱圮。当祠而隔湖下坠，则二漈至九漈之水也。余循湖右行，已至第三漈，急与芳叔返，曰："今夕当淡神休力，静晤九仙，劳心目以奇胜，且俟明日也。"返祠，往蓬莱石，跣足步涧中。石濑⑤平旷，清流轻浅，丨洲三岛⑥，竟褰⑦衣而涉也。晚坐祠前，新月正悬峰顶，俯挹平湖，神情俱朗，静中沨沨⑧，时触雷漈声。是夜祈梦祠中。

① 薰（xūn）：烧灼。铄（shuò）：以火销金。薰铄：此处用作炎热之意。　② 晋陶潜有《桃花源

记》，言武陵渔人入桃花林，遇秦时避乱者，后迷其处。 ③《大清一统志》：“何氏九仙，其世代莫可考。兄弟九人居仙游东北山中修道，因名其山曰九仙山。又居湖侧炼丹，丹成，各乘赤鲤仙去，名其湖曰九鲤湖。” ④ 漾（yàng）：水摇动貌。 ⑤ 濑（lài）：水流沙上湍急之处。 ⑥ 十洲三岛：俱仙境。十洲：祖洲、瀛洲、玄洲、炎洲、长洲、元洲、流洲、生洲、凤麟洲、聚窟洲。三岛：蓬莱、方丈、瀛洲。 ⑦ 褰（qiān）：揭。 ⑧ 沨沨（fēng）：水声。

初九日，辞九仙，下穷九漈。九漈去鲤湖且数里，三漈而下，久已道绝。数月前，莆田祭酒尧俞，令陆善开复鸟道，直通九漈，出莒溪。悔昨不由侧径溯漈而上，乃纡从大道，坐失此奇。遂束装改途，竟出九漈。瀑布为第二漈，在湖之南，正与九仙祠相对，湖穷而水由此飞堕深峡，峡石如劈，两崖壁立万仞。水初出湖，为石所扼，势不得出，怒从空坠，飞喷冲激，水石各极雄观。再下为第三漈之珠帘泉，景与瀑布同，右崖有亭，曰观澜。一石曰天然坐，亦有亭覆之。从此上下岭涧，盘折峡中，峡壁上覆下宽，珠帘之水，从正面坠下，玉筋之水，从旁霭[①]沸溢。两泉并悬，峡壁下削，铁障四围，上与天并，玉龙双舞，下极潭际。潭水深泓澄碧，虽小于鲤湖，而峻壁环锁，瀑流交映，集奇撮胜，惟此为最，所谓第四漈也。初至涧底，芳叔急于出峡，坐视峡口，不复入，余独缘涧石而进，踞潭边石上，仰视双瀑从空夭矫，崖石上覆如瓮口，旭日正在崖端，与颓波突浪，掩晕流辉，俯仰应接，不能舍去。循涧复下，忽两峡削起，一水斜回，涧右之路已穷。左望，有木板飞架危机断磴间，乱流而渡，可以攀跻。遂涉涧从左，则五漈之石门矣。两崖至是，壁凑仅容一线，欲合不合，欲开不开，下涌奔泉，上碍云影，人缘陟其间，如猕②猿然。阴风吹之，凛凛欲坠。盖自四漈来，山深路绝，幽峭已极，惟闻泉声鸟语耳。出五漈，山势渐开，涧右危嶂屏列，左则飞凤峰回翔对之，乱流绕其下，或为澄潭，或为倒峡。若六漈之五星，七漈之飞凤，八漈之棋盘石，九漈之将军岩，皆次第得名矣。然一带云蒸霞蔚③，得趣故在山水中，岂必刻迹而求乎。盖水乘峡展，既得自恣，其旁崩崖颓石，斜插为岩，横架为室，层叠成楼，屈曲成洞，悬则瀑，还则流，潴则泉，皆可坐可卧，可倚可濯，荫竹木而弄云烟，数里之间，目不能移，足不能前者竟日。每下一处，见有别穴，必穿岩通隙而入，曲达旁疏，不可一境穷也。若水之或悬或渟[④]，或翼飞叠注，即匡庐三叠、雁宕龙湫，各以一长擅胜，未若此山微体皆具也。出九漈，沿涧依山转，东向五里，始有耕云樵石之家，然见人至，未有不惊讶者。又五里，至莒溪之石步，出旧道。

① 霭（ǎi）：云盛貌，又与“氛”字同义。故此处之“霭”字，非衍即误。 ② 狝（mí）：猴之一种。 ③ 蒸：犹兴。蔚：深密貌。 ④ 渟（tíng）：水止。

初十日，过蒜岭驿，至榆溪。闻横路驿西十里，有石所山，岩石最胜，亦为九仙祈梦所。闽有“春游石所、秋游鲤湖”语，虽未合其时，然不可失之交臂也。乘兴遂行，以横路去此尚十五里，乃宿榆溪。

十一日，至波黎铺，即从小路为石所游。西向山五里，越一小岭，又五里，渡溪，即石所南麓。循麓西转，仰见峰顶丛崖，如攒如劈。西北行久之，有楼傍山西向，乃登山道也。石磴颇峻，遂短衣历级而上。磴路曲折，木石阴翳，虬枝老藤，盘结危石欹崖之上，啼猿上下，应答不绝。忽有亭突踞危石，拔迥凌虚，无与为对。亭当山之半，再折，石级巍然直上。级穷，则飞岩檐覆垂半空。再上，两折，入石洞侧门，出即九仙阁，轩敞雅洁。左为僧庐，俱倚山凌空，可徙倚凭眺。阁后五六峭峰离立，高皆数十丈，每峰各去二三尺。峰罅石壁如削成，路屈曲罅中，可透漏各峰之顶。松偃藤延，纵目成胜。僧供茗芳逸[①]，山所产也。侧径下，至垂岩，路左更有一径。余曰："此必有异。"从之，果一石洞嵌空立。穿洞而下，即至半山亭。下山，出横路而返。是游也，为日六十有三，历省二，经县十九，府十一，游名山者三。

① 不同于流俗者曰逸。

游嵩山日记

余髫年[①]蓄五岳[②]志，而玄岳出五岳上，慕尤切。久拟历襄、郧，扪太华，由剑阁连云栈为峨眉先导。而母老志移，不得不先事太和，犹属有方之游[③]。第沿江溯[④]流，旷日持久[⑤]，不若陆行舟返，为时较速。乃陆行汝、邓间，路与陕、汴略相当，可以兼尽嵩、华，朝宗[⑥]太岳。遂以癸亥仲春朔，决策从嵩岳道始。凡十九日，抵河南郑州之黄宗店。由店右登石坡，看圣僧池。清泉一涵，停碧山半。山下深涧交叠，涸无滴水。下坡行涧底，随香炉山曲折南行。山形三尖，攒立如覆鼎。众山环之，秀色娟娟[⑦]媚人。涧底乱石一壑，作紫玉色。两崖石壁宛转，色较缜润[⑧]。想清流汪注时，喷珠泄黛，当更何如也。十里，登石佛岭。又五里，入密县界，望嵩山尚在六十里外。从岐路东南二十五里，过密县，抵天仙院。院祀天仙，黄帝之三女也。白松在祠后中庭，相传三女蜕骨其下。松大四人抱，一本三干，鼎耸霄汉，肤如凝脂，洁逾傅粉。蟠枝虬曲，缘鬣舞风，昂然玉立半空，洵奇观也。周以石栏。一轩临北，轩中题咏绝盛。徘徊久之，下观滴水。涧至此忽下跌，一崖上覆，水滴历⑨其下。还密，仍抵西门。三十五里，入登封界，曰耿店。南向为石淙道，遂税驾⑩焉。

① 髫（tiáo）：小儿垂发。髫年即幼年。　② 五岳：中岳嵩山，东岳泰山，西岳华山，北岳恒山，南岳衡山。　③《论语》有云：“父母在，不远游，游必有方。”　④ 溯：逆流而上。　⑤ 旷日持久：言空废时日，延长过久。　⑥ 朝宗：《诗》云：“沔彼流水，朝宗于海。”其本意盖谓水之归海，犹诸侯之朝见天子。此处则为趋向之意。　⑦ 娟娟：美好貌。　⑧ 缜（zhěn）：细致。缜润：细致而润泽。　⑨ 滴历：与“滴沥”通，水之下滴声。　⑩ 税驾：解驾，休息。

二十日，从小径南行，二十五里，皆土冈乱垒。久之，得一溪。渡溪，南行冈脊中。下瞰，则石淙在望矣。余入自大梁，平衍广漠，古称“陆海[1]”。地以得泉为难，泉以得石尤难。近嵩，始睹蜿蜒[2]众峰。于是北流有景、须诸溪，南流有颍水，然皆盘伏土碛中。独登封东南三十里为石淙，乃嵩山东谷之流，将下入于颍。一路陂陀屈曲，水皆行地中，至此忽逢怒石。石立嵩冈山峡间，有当关扼险之势。水沁[3]入胁下，从此水石融和，绮变万端。绕水之两崖，则为鹄立，为雁行。踞中央者，则为饮兕[4]，为卧虎。低则屿，高则台。愈高，则石之去水也愈远。乃又空其中而为窟、为洞。揆[5]崖之隔，以寻[6]尺计。竟水之过，以数丈计。水行其中，石峙于上，为态为色，为肤为骨，备极妍丽。不意黄茅白苇中，顿令人一洗尘目也。登陇，西行十里，为告成镇，古告成县地。测景台在其北。西北行二十五里，为岳庙。入东华门，时日已下舂[7]。余心艳卢岩，即从庙东北循山行，越陂陀数重。十里，转而入山，得卢岩寺。寺外数武[8]，即有流铿然，下坠石峡中。两旁峡色，氤氲[9]成霞。溯流造[10]寺后，峡底矗崖，环如半规，上覆下削。飞泉堕空而下，舞绡曳练[11]，霏微[12]散满一谷。可当武彝之水帘。盖此中以得水为奇，而水复得石，石复能助水，不尼[13]水，又能令水飞行，则比武彝为尤胜也。徘徊其下，僧梵音以茶点饷，急返岳庙，已昏黑。

① 陆海：谓陆地高平而饶物产，如海之无所不出。 ② 蜿蜒（wān yán）：屈曲之状。 ③ 沁（qìn）：水渗入。 ④ 兕（sì）：犀牛之雌者，顶止一角。 ⑤ 揆（kuí）：估计。 ⑥ 寻：八尺。 ⑦ 下舂：日落时。《淮南子》："至于渊虞，是高舂；至于连石，是谓下舂。" ⑧ 武：犹步。 ⑨ 氤氲（yīn yùn）：弥漫。 ⑩ 造：至。 ⑪ 绡（xiāo）：生丝。练：熟绢。舞绡曳练：言飞泉之堕空而下，有如绡之舞动，练之牵引。 ⑫ 霏微：飞泉所溅之细点。 ⑬ 尼（nǐ）：止。

二十一日，晨，谒岳帝。出殿，东向太室绝顶。按嵩当天地之中，祀秩[①]为五岳首，故称嵩高。与少室并峙，下多洞窟，故又名太室。两室相望，如双眉，然少室嶙峋，而太室雄厉称尊，俨若负扆[②]。自翠微以上，连崖横亘：列者如屏，展者如旗，故更觉岩岩[③]。崇封始自上古，汉武以嵩呼之异，特加祀邑。宋时逼近京畿，典礼大备。至今绝顶犹传铁梁桥、避暑寨之名。当盛之时，固可想见矣。太室东南一支，曰黄盖峰。峰下即岳庙，规制宏壮。庭中碑石矗立，皆宋、辽以来者。登岳正道，乃在万岁峰下，当太室正南。余昨趋卢岩时，先过东峰，道中见峰峦秀出，中裂如门，或指为金峰玉女沟，从此亦有路登顶，乃觅樵预期为导。今遂从此上。近秀出处，路渐折，避之，险绝不能径越也。北就土山，一缕仅容攀跻，约二十里，遂越东峰，已转出裂门之上。西度狭脊，望绝顶行。是日，浓云如泼墨，余不为止。至是，岚气愈沉，稍开，则下瞰绝壁重崖，如列绡削玉，合则如行大海中。五里，抵天门。上下皆石崖重叠，路多积雪。导者指峻绝处为大铁梁桥。折而西，又三里，绕峰南下，得登高岩。凡岩幽者多不畅，畅者又少回藏映带之致。此岩上倚层崖，下临绝壑，洞门重峦拥护，左右环倚台嶂。初入，有洞岈然④。洞壁斜透，穿行数武，崖忽中断五尺，莫可着趾。导者故老樵，狷⑤捷如猿猴。侧身跃过对崖，取木二枝，横架为阁道。既度，则岩穹然上覆。中有乳泉、丹灶、石榻诸胜。从岩侧跻而上，更得一台，三面悬绝壑中。导者曰："下可瞰登封，远及箕、颍。"时浓雾四塞，都无所见。出岩，转北二里，得白鹤观址，址在山坪。去险就夷，孤松挺立有旷致。又北上三里，始跻绝顶。有真武庙三楹。侧一井，甚莹⑥，曰御井，宋真宗避暑所浚⑦也。饭真武庙中，问下山道。导者曰："正道从万岁峰抵麓，二十里。若从西沟悬溜而下，可省其半，然路极险峻。"余色喜，谓嵩无奇，以无险耳。亟从之，遂策杖前。始犹依岩凌石，披丛条以降。既而从两石峡溜中直下，仰望夹崖逼天。先是，峰顶雾滴如雨，至此渐开，景亦渐奇。然皆垂沟脱登，无论不能行，且不能止。愈下，崖势愈壮。一峡穷，复转一峡。吾目不使旁瞬，吾足不容求息也。如是十里，始出峡，抵平地，得正道。过无极洞，西越岭，趋草莽中，五里，得法皇寺。寺有金莲花，为特产，他处所无。山雨忽来，遂借榻僧寮⑧。其东石峰夹峙，每月初生，正从峡中出，所称"嵩门待月"也。计余所下之峡，即在其上。今坐对之，只觉云气出没，安知身自此中来也。

① 秩：位次。 ② 扆（yǐ）：屏风。天子朝诸侯时，背屏风而立，故云负扆。 ③ 岩岩：高峻。④ 岈（xiā）然：空洞貌。 ⑤ 狷（juàn）：疾行。狷捷：犹敏捷。 ⑥ 莹：光洁。 ⑦ 浚（jùn）：开辟。⑧ 僧寮：僧舍。

二十二日，出山。东行五里，抵嵩阳宫废址。惟三将军柏，郁然如山，汉所封也。大者围七人，中者五，小者三。柏之北，有室三楹，祠二程先生①。柏之西，有旧殿石柱一，大半没于土。上多宋人题名，可辨者为范阳祖无择、上谷寇武伸及苏才翁数人而已。柏之西南，雄碑杰然②，四面刻蛟螭③甚精。右则为唐碑，裴迥撰文，徐浩八分④书也。又东二里，过崇福宫故址，又名万寿宫，为宋宰相提点⑤处。又东为启母石，大如数间屋，侧有一平石如砥。又东八里，还饭岳庙，看宋、元碑。西八里，入登封县。西五里，从小径西北行。又五里，入会善寺。"茶榜"在其西小轩内，元刻也。后有一石碑，仆墙下，为唐贞元《戒坛⑥记》，汝州刺史陆长源撰文，河南陆郢书。又西为戒坛废址，石上刻镂极精工，俱断委⑦草砾⑧。西南行五里，出大路。又十里，至郭店。折而西南，为少林道。五里，入寺，宿瑞光上人房。

① 二程先生：即程颐、程颢，宋之大儒。 ② 杰然：特异之貌。 ③ 螭（chī）：若龙而黄，无角，古人雕刻多仿其形以为饰。 ④ 八分：书体之一，李斯

作小篆，程邈作隶，王次仲割程邈字八分，取二分，割李斯字二分，取八分，别成一格，故曰“八分”。 ⑤提点：官名，宋时有提点刑狱、提点宫观等官。 ⑥戒坛：僧徒传戒之所，今大寺均有。 ⑦委：弃置。 ⑧砾（lì）：小石。

二十三日，云气俱尽。入正殿，礼佛毕，登南寨。南寨者，少室绝顶，高与太室等，而峰峦峭拔①，负“九鼎莲花”之名。俯环其后者，为九乳峰，蜿蜒东接太室，其阴则少林寺在焉。寺甚整丽，庭中新旧碑，森列成行，俱完善。夹墀②二松，高伟而整，如有尺度。少室横峙于前，仰不能见顶。游者如面墙而立，辄谓少室以远胜。余昨暮入寺，即问少室道，俱谓雪深道绝，必无往。凡登山以晴朗为佳，余登太室，云气弥漫，或以为仙灵见拒，不知此山魁梧③，正须止露半面。若少室工于掩映，虽微云岂宜点滓，今则霁甚，适逢其会，乌可阻也。乃从寺南渡涧登山。六七里，得二祖庵。山至此忽截然土尽而石，石崖下坠成坑。坑半有泉，突石飞下，亦以珠帘名之。余策杖独前，愈下愈不得路。久之，乃达。其岩雄拓不如卢岩，而深峭过之。岩下深潭泓碧，僵雪四积。再上至炼丹台，三面孤悬，斜倚翠壁，有亭曰小有天，探幽之屐，从未有抵此者。过此皆从石脊仰攀直跻，两旁危崖万仞，石脊悬其间，殆无寸土，手与足代匮[④]而后得升，凡七里，始跻大峰。峰势宽衍，向之危石，又截然忽尽为土。从草棘中莽莽[⑤]南上，约五里，遂凌南寨顶，屏翳[⑥]之土始尽。南寨实少室北顶，自少林言之，为南寨云。盖其顶中裂，横界南北。北顶若展屏，南顶列戟峙其前，相去仅寻丈，中为深崖，直下如剖。两崖夹中，坑底特起一峰，高出诸峰上，所谓摘星台也。为少室中央，绝顶与北崖离倚，彼此斩绝，不可度。俯瞩其下，一丝相属。余解衣从之，登其上，则南顶之九峰，森立于前，北顶之半壁，横障于后，东西皆深坑，俯不见底。罡风[⑦]乍至，几假翰[⑧]飞去。从南寨东北转，下土山，忽见虎迹大如升。草莽中行五六里，得茅庵，击石炊所携米为粥，啜三四碗，饥渴霍然[⑨]去。倩庵僧为引龙潭道。下一峰，峰脊渐窄，土石间出，棘蔓翳之。悬枝以行，忽石削万丈，势不可度。转而上跻，望峰势蜿蜒处趋下，而石削复如前。往复不啻数里，乃迂过一坳。又五里而道出，则龙潭沟也。仰望前迷路处，危崖欹石，俱在万仞峭壁上。流泉喷薄[⑩]其中，崖石之阴森崭巀[⑪]者，俱散成霞绮。峡夹涧转，两崖静室如蜂房燕垒。凡五里，一龙潭沉涵凝碧，深不可规以丈。又经二龙潭，遂出峡，宿少林寺。

① 峭拔：谓山势高峻。 ② 墀（chí）：阶上空地。 ③ 魁梧：壮大。 ④ 匮（kuì）：乏，竭。 ⑤ 莽莽：草深貌。 ⑥ 翳（yì）：屏翳，犹屏障。 ⑦ 罡（gāng）风：暴风。 ⑧ 翰（hàn）：鸟羽。 ⑨ 霍然：散之迅速也。 ⑩ 喷薄：谓涌出。 ⑪ 崭嶻（jié）：高峻。

二十四日，从寺西北行，过甘露台，又过初祖庵。北四里，上五乳峰，探初祖洞。洞深二丈，阔杀①之，达摩②九年面壁处也。洞门下临寺，面对少室。地无泉，故无栖者。下至初祖庵，庵中供达摩影石。石高不及三尺，白质黑章③，俨然西僧立像。中殿六祖④手植柏，大已三人围，碑言自广东置钵⑤中携至者。夹墀二松亚少林。少林松柏俱修伟，不似岳庙偃仆⑥盘曲，此松亦然。下至甘露台，土阜矗起，上有藏经殿。下台，历殿三重，碑碣⑦散布，目不暇接。后为千佛殿，雄丽罕匹。出饭瑞光上人舍。策骑趋登封道，过镮辕岭，宿大屯。

① 杀：递减。 ② 达摩：南北朝时高僧。 ③ 章：采。 ④《正宗记》："六祖慧能大师，姓卢氏，新兴人。"所谓六祖者，佛教禅宗衣钵相传，凡六世也。初祖即达摩，二祖慧可，三祖僧璨，四祖道信，五祖弘忍，六祖慧能，是为震旦六祖。 ⑤ 钵（bō）：僧之盛饭器。⑥ 仰而倒曰偃，伏而覆曰仆。 ⑦ 碑碣：刻有文字之石。方者为碑，圆者为碣，今多混用。

二十五日，西南行五十里，山冈忽断，即伊阙也。伊水南来，经其下，深可浮数石舟。伊阙连冈，东西横亘，水上编木桥之。渡而西，崖更危耸。一山皆劈为崖，满崖镌[1]佛其上。大洞数十，高皆数十丈。大洞外峭崖直入山顶，顶俱刊小洞，洞俱刊佛其内。虽尺寸之肤，无不满者，望之不可数计。洞左，泉自山流下，汇为方池，余泻入伊川。山高不及百丈，而清流淙淙[2]不绝，为此地所难。伊阙磨肩接毂[3]，为楚、豫大道。西北历关、峡。余由此取西岳道去。

① 镌（juān）：刻。 ② 淙淙（cóng）：水声。③ 毂（gǔ）：车轮中心。空其中以贯轴，辐凑其外曰毂。磨肩接毂：谓人肩相磨，车毂相接，状其繁盛。

游太华山日记

二月晦，入潼关，三十五里，乃税驾西岳庙。黄河从朔漠[①]南下，至潼关，折而东。关正当河山隘口，北瞰河流，南连华岳，惟此一线。为东西大道，以百雉[②]锁之。舍此而北，必渡黄河，南必趋武关，而华岳以南，峭壁层崖，无可度者，未入关，百里外即见太华屼出[③]云表；及入关，反为冈陇所蔽。行二十里，忽仰见芙蓉片片，已直造其下，不特三峰秀绝，而东西拥攒诸峰，俱片削层悬。惟北面时有土冈，至此尽脱山骨，竞发为极胜处。

① 朔漠：北方沙漠之地。　② 雉（zhì）：古以长三丈、高一丈为雉。《左传》有“都城过百雉”之语，故此处所用“百雉”二字，其意即高大之城垣。　③ 屼

出：犹突出。

三月初一日，入谒西岳神，登万寿阁。向岳南趋十五里，入云台观。觅导于十方庵。由峪[1]口入，两崖壁立，一溪中出，玉泉院当其左。循溪随峪行，十里，为莎萝宫，路始峻。又十里，为青柯坪，路少坦。五里，过寥阳桥，路遂绝。攀锁上千尺幢，再上百尺峡，从崖左转，上老君犁沟，过猢狲岭。去青柯五里，有峰北悬深崖中，三面绝壁，则白云峰也。舍之南，上苍龙岭，过日月岩，去犁沟。又五里，始上三峰足。望东峰侧而上，谒玉女祠，入迎阳洞。道士李姓者，留余宿。乃以余暑上东峰，昏，返洞。

① 峪（yù）：山谷。

初二日，从南峰北麓上峰顶，悬南崖而下，观避静处，复上，直跻峰绝顶，上有小孔，道士指为仰天池，旁有黑龙潭。从西下，复上西峰。峰上石耸起，有石片覆其上，如荷叶，旁有玉井甚深，以阁掩其上，不知何故。还饭于迎阳。上东峰，悬南崖而下，一小台峙绝壑中，是为棋盘台。既上，别道士，从旧径下，观白云峰，圣母殿在焉。下至莎萝坪，暮色逼人。急出谷，黑行三里，宿十方庵。出青柯坪，左上，有杯渡庵毛女洞；出莎萝坪，右上，有上方峰，皆华之支峰也。路俱峭削，以日暮不及登。

初三日，行十五里，入岳庙。西五里，出华阴西门。从小径西南，二十里，入泓峪，即华山之西第三峪也。两崖参天而起，夹立甚隘，水奔流其间。循涧南行，倏①而东折，倏而西转。盖山壁片削，俱犬牙错入，行从牙罅中，宛转如江行调舱然。二十里，宿于木柸。自岳庙来，四十五里矣。

① 倏（shū）：忽。

初四日，行十里，山峪既穷，遂上泓岭。十里，蹑其巅。北望太华，兀立天表。东瞻一峰，嵯峨①特异，土人云赛华山，始悟西南三十里有少华，即此山矣。南下十里，有溪从东南注西北，是为华阳川。溯川东行，十里，南登秦岭，为华阴、洛南界，上下共五里。又十里，为黄螺铺。循溪东南下，三十里，抵杨氏城。

① 嵯峨（cuó é）：山高貌。

初五日，行二十里，出石门，山始开。又七里，折而东南，入隔凡峪。西南二十里，即洛南县峪。东南三里，越岭，行峪中。十里，出山，则洛水自西而东，即河南所渡之上流也。渡洛复上岭，曰田家原。五里，下峪中，有水自南来入洛。溯之入，十五里，为景村。山复开，始见稻畦。过此，仍溯流入南峪，南行五里，至草树沟。山空日暮，借宿山家。自岳庙至木柸，俱西南行，过华阳川则东南矣。华阳而南，溪渐大，山渐开，然对面之峰峥峥[①]也。下秦岭，至杨氏城。两崖忽开忽合，一时互见，又不比木柸峪中，两崖壁立，有回曲无开合也。

① 峥峥：高峻貌。

初六日，越岭两重，凡二十五里，饭坞底岔。其西行道，即向洛南者。又东南十里，入商州界，去洛南七十余里矣。又二十五里，上仓龙岭。蜿蜒行岭上，两溪屈曲夹之。五里，下岭，两溪适合。随溪行老君峪中，十里，暮雨忽至，投宿于峪口。

初七日，行五里，出峪。大溪自西注于东，循之行十里，龙驹寨。寨东去武关九十里，西向商州，即陕省间道。马骡商货，不让潼关道中。溪下板船，可胜五石舟。水自商州西至此，经武关之南，历胡村，至小江口入汉者也。遂趋觅舟，甫定，雨大注，终日不休，舟不行。

初八日，舟子以贩盐故，久乃行。雨后，怒溪如奔马，两山夹之，曲折萦回，轰雷入地之险，与建溪无异。已而雨复至。午抵影石滩，雨大作，遂泊于小影石滩。

初九日，行四十里，过龙关。五十里，北一溪来注，则武关之流也。其地北去武关四十里，盖商州南境矣。时浮云已尽，丽日乘空，山岚重叠竞秀，怒流送舟，两岸浓桃艳李，泛光欲舞，出坐船头，不觉欲仙也。又八十里，日才下午。榜人[①]以所带盐化迁柴竹，屡止不进。夜宿于山涯之下。

① 榜人：舟人。

初十日，五十里，下莲滩。大浪扑入舟中，倾囊倒箧，无不沾濡[①]。二十里，过百姓滩，有峰突立溪右崖为水所摧，岌岌[2]欲堕。出蜀西楼，山峡少开，已入南阳淅川境，为秦、豫界。三十里，过胡村。四十里，抵石庙湾，登涯投店。东南去均州，上太和，盖一百三十里云。

① 沾濡（rú）：谓为水所湿。　② 岌岌：山高貌。

游太和山日记

十一日，登仙猿岭，十里余，有枯溪小桥，为郧县境，乃河南、湖广界。东五里，有池一泓，曰青泉。上源不见所自来，而下流淙淙。地又属淅川，盖二县界址相错，依山溪曲折，路经其间故也。五里，越一小岭，仍为郧县境。岭下有玉皇观、龙潭寺。一溪滔滔自西南走东北，盖自郧中来者。渡溪，南上九里冈，经其脊而下，为蟠桃岭。溯溪行坞中十里，为葛九沟。又十里，登土地岭，岭南则均州境。自此连逾山岭，桃李缤纷[①]，山花夹道，幽艳异常。山坞之中，居庐相望，沿流稻畦，高下鳞次[②]不似山、陕间矣。但途中蹊[③]径狭，行人稀，且闻虎暴，日方下舂，竟止坞中曹家店。

① 缤纷：盛貌。　② 鳞次：谓排列如鱼鳞。
③ 蹊（xī）：小路。

十二日，行五里，上火龙岭。下岭，随流出峡。四十里，下行头冈。十五里，抵红粉渡，汉水汪洋西来，涯下苍壁悬空，清流绕面。循汉东行，抵均州。静乐宫当州之中，踞城之半，规制宏整。停行李于南城外，定计明晨登山。

十三日，骑而南趋，石道平敞。三十里，越一石梁，有溪自西东注，即太和下流入汉者。越桥为迎恩宫，西向，前有碑大书“第一山”三字，乃米襄阳[①]笔。书法飞动，当亦第一。又十里，过草店，襄阳来道，亦至此合。路渐西向，过遇真宫，越两隘下，入坞中。从此西行数里，为趋玉虚道；南跻上岭，则走紫霄间道也。登岭，自草店至此，共十里，为回龙观。望岳顶，青紫插天，然相去尚五十里，满山乔木夹道，密布上下，如行绿幕中。从此沿山行，下而复上，共二十里，过太子坡。又下，入坞中，有石梁跨溪，是为九渡涧下流。上为平台十八盘，即走紫霄、登太和大道；左入溪，即溯九渡涧，向琼台观及八仙罗公院诸路也。峻登十里，则紫霄宫在焉。紫霄前临禹迹池，背倚展旗峰，层台杰殿，高敞特异。入殿瞻谒，由殿右上跻，直造展旗峰之西。峰畔有太子洞、七星岩，俱不暇问。共五里，过南岩之南天门。舍之西，度岭，谒榔仙祠。祠与南岩对峙，前有榔树特大，无寸肤，赤干耸立，纠芽未发。傍多榔梅②树，亦高耸，花色深浅如桃杏，蒂垂丝作海棠状。梅与榔木山中两种，相传玄帝插梅寄榔，成此异种云。共五里，过虎头岩。又三里，抵斜桥，突峰悬崖，屡屡而是。径多循峰隙上。五里，至三天门，过朝天宫，皆石级曲折上跻，两傍以铁柱悬索。由三天门而二天门、一天门，率取径峰坳间，悬级直上。路虽陡峻，而石级既整，栏索钩连，不似华山悬空飞度也。太和宫在三天门内。日将晡③，竭力造金顶，所谓天柱峰也。山顶众峰，皆如覆钟峙鼎，离离④攒立；天柱中悬，独出众峰之表，四旁崭绝。峰顶平处，纵横止及寻丈。金殿峙其上，中奉玄帝及四将，炉案俱具，悉以金为之，督以一千户⑤、一提点⑥。需索香金，不啻御夺。余入叩匆匆，而门已阖⑦。遂下宿太和宫。

① 米芾，字元章，号鹿门居士，又称海岳外史，宋襄阳人，故世称米襄阳。尝寓居苏，故《宋史》讹为吴

人。为文奇险，特妙于翰墨，得王献之笔意；画山水人物自成一家。累官礼部员外郎，知淮阳军，世亦称米南官。　②榔梅：果名。《襄阳志》：“榔梅在太和山。相传真武折梅枝寄榔树上，仰天誓曰：‘吾道若成，花开果结。’后竟如其言。今树尚存。”　③晡（bū）：申时，日过午后为晡。　④离离：分披繁盛之貌。　⑤千户：官名，元置，明因之。为卫所之官。掌兵千人，官与兵多世袭。　⑥提点：官名。明时惟有神乐观提点，为道士所授之官，至清初裁去。　⑦阖：闭。

十四日，更衣上金顶。瞻叩毕，天宇澄朗，下瞰诸峰，近者鹄峙，远者罗列，诚天真奥区①也！遂从三天门之右小径下峡中。此径无级无索，乱峰离立，路穿其间，迥觉幽胜。三里余，抵蜡烛峰，右泉涓涓②溢出路旁，下为蜡烛涧。循涧右行三里余，峰随山转，下见平邱中开，为上琼台观。其旁榔梅数株，大皆合抱，花色浮空映山，绚烂③岩际，地既幽绝，景复殊异。余求榔梅实，观中道士噤④不敢答。既而曰：“此系禁物，前有人携出三四枚，道流⑤株连⑥，破家者数人。”余不信，求之益力。出数枚畀⑦余，皆已黝⑧烂，且订无令人知。及趋中琼台，余复求之。主观仍辞谢弗有。因念由下琼台而出，可往玉虚岩，便失南岩、紫霄，与其得一失二，不若仍由旧径上。至路旁泉溢处，左越蜡烛峰，去南岩应较近。忽后有追呼者，则中琼台小黄冠⑨，以师命促余返。观主握手曰："公渴求珍植，幸得两枚，少慰公怀，但一泄于人，罪立至矣。"出而视之，形侔⑩金橘，漉⑪以蜂液，金相玉质⑫，非凡品也。珍谢别去。复上三里余，直造蜡烛峰坳中。峰参差廉利⑬，人影中度，兀兀欲动。既度，循崖宛转⑭，连越数重。峰头土石，往往随地异色。既而闻梵颂声⑮，则仰见峰顶，遥遥上悬，已出朝天宫右矣。仍上八里，造南岩之南天门，趋谒正殿。右转入殿后，崇崖嵌空，如悬廊复道⑯，蜿蜒山半，下临无际，是名南岩，亦名紫霄岩，为三十六岩之最，天柱峰正当其面。自岩还至殿左，历级坞中，数抱松杉，连阴挺秀。层台孤悬，高峰四眺，是名飞升台。暮返宫，贿其小徒，复得榔梅六枚。明日再索之，不可得矣。

①天真奥区：谓天然未辟之腹地。　②涓涓：小流貌。　③绚（xuàn）烂：华美貌。　④噤（jìn）：闭口。　⑤道流：道士。　⑥株连：谓因一人之

罪而牵及多人，犹伐木者之根株相连。 ⑦ 畀（bì）：给予。 ⑧ 黝（yǒu）：微青黑色。 ⑨ 黄冠：谓道士。《唐书·方技传》：“李淳风，父播，仕隋高唐尉，弃官为道士，号黄冠子。”又唐求诗：“数里缘山不厌难，为寻真诀问黄冠。”后因通称道士为黄冠。 ⑩ 侔（móu）：齐等。 ⑪ 漉（lù）：渗。 ⑫ 金相玉质：言其质之美。《诗经》有“金玉其相”之语。相，犹质。 ⑬ 廉利：峻削貌。 ⑭ 宛转：谓辗转。 ⑮ 梵（fàn）：净行。佛教以清净为主，故凡关于佛者皆称梵。梵颂声：即诵经声。 ⑯ 复道：楼阁通行之道，因上下有道，故名。

十五日，从南天门宫左，趋雷公洞，洞在悬崖间。余欲返紫霄，由太子岩，历不二庵，抵五龙。舆者①谓迂曲不便，不若由南岩下竹笆桥，可览滴水岩、仙侣岩诸胜。乃从北天门下，一径阴森，滴水、仙侣二岩，俱在路左，飞崖上突，泉滴沥于中，中可容室，皆祠真武②。至竹笆桥，始有流泉声，然不随涧行。乃依山越岭，一路多突石危岩，间错于乱蒨③丛翠中，时时放椰梅花，映耀远近。过白云、仙龟诸岩，共二十余里，循级直下涧底，则青羊桥也。涧即竹笆桥下流，两崖蓊葱④蔽日，清流延回，桥跨其上，不知流之所去。仰视碧落[5]，宛落瓮口。度桥，直上攒天岭。五里，抵五龙宫，规制与紫霄、南岩相伯仲。殿后登山里许，转入坞中，得自然庵。已还至殿右，折下坞中，二里，得凌虚岩。岩倚重峦，临绝壑，面对桃源洞诸山，嘉木尤深密，紫翠之色，互映如图画，为希夷[6]习静处。前有传经台，孤瞰壑中，可与飞升作四。还过殿左，登榔梅台，即下山至草店。华山四面皆石壁，故峰麓无乔枝异干。直至峰顶，则松柏多合三人围者。松悉五鬣，实大如莲，间有未堕者，采食之，鲜香殊绝。太和则四山环抱，百里内密树森罗，蔽日参天。至近山数十里内，则异杉老柏，合三人抱者，连络山坞，盖国禁也。嵩、少之间，平麓上至绝顶，樵伐无遗，独三将军树巍然杰出耳。山谷川原，候同气异。余出嵩、少，始见麦畦青；至陕州，杏始花，柳色依依[7]向人；入潼关，则驿路既平，垂杨夹道，梨李参差矣。及转入泓峪，而层冰积雪，犹满涧谷，真春风所不度也。过坞底岔，复见杏花出龙驹寨，桃雨柳烟，所在都有，忽忆日已清明，不胜景物悴[8]情。遂自草店，越二十四日，“浴沸”[9]后一日抵家，以太和榔梅为老母寿[10]。

①舆（yú）：肩舆，俗谓之轿。舆者：轿夫。　②真武：即玄武，北方之神。《云麓漫钞》："祥符间，避圣祖讳，始改玄武为真武。"　③蒨（qiàn）：草名。④蓊葱：草木盛貌。　⑤碧落：道家称天空曰碧落。《度人经》注："东方第一天，有碧霞遍满，是云碧落。"⑥希夷：谓宋之陈抟。抟字图南，真源人。后唐末举进士，不第，遂隐于武当山。太平兴国中，来朝，太宗甚重之，赐号希夷先生。　⑦依依：柔弱貌。　⑧悴（cuì）：忧伤。　⑨荆楚以四月初八日为浴佛日，是日诸寺各设会，香汤浴佛，共作龙华会，以为弥勒下生之征。（见《荆楚岁时记》）　⑩寿：以物赠人祝寿。

闽游日记

崇祯改元[①]之仲春，发兴为闽、广游，二十日，始成行。三月十一日。抵江山之青湖，为入闽登陆道。十五里，出石门街，与江郎为面，如故人再晤。十五里，至峡口，已暮。又行十五里，宿于山坑。

① 古者新君即位，逾年改元，不设年号。自战国魏惠王更三十六年为元年，秦惠文王更十四年为元年，是为中途改元之始。汉武帝即位，以建元为年号，其后因天瑞而屡改元，皆有年号，是为有年号之始。案原注此次崇祯改元，乃在戊辰。

十二日，二十里，登仙霞岭。三十五里，登丹枫岭，岭南即福建界。又七里，西有路越岭而来，乃江西永丰道，去永丰尚八十里。循溪折而东，八里，至梨岭麓。四里，登其巅。前六里，宿于久牧。

十三日，三十五里，过岭，饭于仙阳。仙阳岭不甚高，而山鹃丽日，颇可爱。饭后得舆，二十里，抵浦城，日未晡也，时道路俱传泉兴海盗为梗[①]，宜由延平上永安。余亦久蓄玉华之兴，遂觅延平舟。

① 梗（gěng）：阻塞。

十四日，舟发，四十里，至观前。舟子省家早泊，余遂过浮桥，循溪左登金斗山。石磴修整，乔松艳草，幽袭人裾[①]。过三亭，入玄帝宫。由殿后登岭，兀兀中悬，四山环拱，重流带之，风烟欲暝[②]，步步惜别。

① 裾（jū）：衣襟。 ② 暝（míng）：夜。

十五日，辨色[①]即行。悬流鼓楫，一百二十里，泊水矶[②]。风雨彻旦[③]，溪暄如雷。

① 辨色：谓天色可辨时。　② 矶：水中石山。③ 彻旦：犹达旦。

十六日，六十里，至双溪口，与崇安水合。又五十五里，抵建宁郡。雨不止。

十七日，水涨数丈，同舟俱阁[1]不行。上午，得三板舟，附之行。四十里，太平驿。四十里，大横驿，过如飞马。三十里，黯淡滩，水势奔涌。余昔游鲤湖过此，但见穹石崿峙[2]，舟穿其间，初不谓险。今则白波山立，石悉没形，险倍昔时。十里，至延平。

① 阁：止，今多作"搁"。　② 崿（è）：崖。崿峙：谓如山崖之峙立，状其险峻。

十八日，余以轻装出西门，为玉华洞游。南渡溪，令奴携行囊，由沙县上水，至永安相待。余陆行四十里，渡沙溪而西。将乐之水从西来，沙县之水从南来，至此合流，亦如延平之合建溪也。南折入山，六十里。宿三连铺，乃瓯宁、南平、顺昌三县之界。

十九日，五里，越白沙岭，是为顺昌境。又二十五里，抵县。县临水际，邵武之水从西来，通光泽；归化之水从南来，俱会城之东南隅。隔水望城，如溪堤带流也。循水南行，三十里，至杜源，忽雪片如掌。十五里，至将乐境，乃杨龟山[①]故里也。又十五里，为高滩铺。阴霾[②]尽舒，碧空如濯，旭日[③]耀芒，群峰积雪，有如环玉。闽中以雪为奇，得之春末为尤奇。村氓[④]市媪[⑤]，俱曝[⑥]日提炉；而余赤足飞腾，良大快也。二十五里，宿于山涧渡之村家。

① 杨龟山：为宋杨时之别号。时将乐人，字中立。熙宁进士，调官不赴，学于程颢。颢死，复学于程颐。高宗时，官至龙图阁直学士。致仕，以著书讲学为事。学者称为龟山先生，著有《二程粹言》《龟山集》。　② 霾（mái）：风雨土，谓大风扬尘土从上下。　③ 旭（xù）日：初出之日。　④ 氓（méng）：民。　⑤ 媪（ǎo）：老妇之称。　⑥ 曝（pù）：本作暴晒。

二十日，渡山涧，溯[①]大溪南行。两山成门曰莒峡。溪崖不受趾。循山腰行，十里，出莒峡铺，山始开。又十里，入将乐。出南关，渡溪而南，东折入山，登滕岭。南三里，为玉华洞道。先是，过滕岭，即望东南两峰耸立，翠壁嶙峋，迥与诸峰分形异色。抵其麓，一尾横曳，回护洞门。门在山坳间，不甚轩豁[②]，而森碧上交，清流出其下，不觉神湛[③]骨寒。山半有明台庵，洞后门所经。余时未饭，复出道左登岭，石磴萦松。透石三里，青芙蓉顿开，庵当其中。饭于庵。仍下至洞前门，觅善导者。乃碎斫松节置竹篓中，导者肩负之；手提铁络，置松燃火，烬辄益之。初入，历级而下者数尺，即流所从出也。溯流屈曲，度木板者数四，倏隘倏穹，倏上倏下，石色或白或黄，石骨或悬或竖。惟“荔枝柱”“风泪烛”“幔天帐”“达摩渡江”“仙人田”“葡萄伞”“仙钟”“仙鼓”最肖。沿流既穷，悬级而上，是称九重楼。遥望空蒙[④]，忽曙色[⑤]欲来，所谓五更天也。至此最奇，恰与张公洞由暗而明者一致。盖洞门斜启，玄朗映彻[⑥]，犹未睹天碧[⑦]也。从侧岭仰瞩[⑧]，得洞门一隙，直受圆明。其洞口由高而坠，弘含[⑨]奇瑰[⑩]，亦与张公同。第张公森悬诡丽者，俱罗于受明之处；此洞眩巧争奇，遍布幽奥，而辟户更拓。两洞同异，正在伯仲[⑪]间也。拾级上达洞顶，则穹崖削天，左右若青玉颓[⑫]肤，实出张公所未备。下山，即为田塍[⑬]，四山环锁，水出无路，汩然中坠，盖即洞间之流，此所从入也。复登山半，过明台庵。庵僧曰：“是山石骨棱厉，透露处层层有削玉裁云态，苦为草树所翳，故游者知洞而不知峰。”遂导余上拾鸟道，下披蒙茸⑭，得星窟焉。三面削壁丛悬，下坠数丈。窟旁有野橘三株，垂实累累。从山腰右转，一二里，忽两山交脊处，棘翳⑮四塞。中有石磴齿齿⑯，萦回⑰于悬崖夹石间。仰望峰顶，一笋森森⑱独秀。遂由洞后穹崖之上，再历石门，下浴庵中，宿焉。

①溯（sù）：逆流而上，顺流而下皆曰溯。 ②轩豁：开朗貌。 ③湛（zhàn）：清。 ④空蒙：雨气。 ⑤曙（shǔ）色：晓色。 ⑥玄朗映彻：谓其光深远而明透。 ⑦天碧：即碧天。 ⑧瞩（zhǔ）：意有所属而视。 ⑨弘含：包含宏大。 ⑩奇瑰：景物珍奇。 ⑪伯仲：评量之等差。 ⑫赪（chēng）：同“赬”，赤色。 ⑬塍（chéng）：田畦。 ⑭蒙茸：茂密之草木。 ⑮棘翳：荆棘枯木。 ⑯齿齿：排列之貌。 ⑰萦回：曲绕。 ⑱森森：此处即森然之意。

二十一日，仍至将乐南门，取永安道。

二十四日，始至永安，舟奴犹未至。

二十五日，坐待奴于永安旅舍。乃市顺昌酒，浮白[①]楼下。忽呼声不绝，则延平奴也。遂定明日早行计。

① 罚人饮酒称浮，白者，罚爵名。如《汉书》注："魏文侯与大夫饮酒，令曰：'不釂者，浮以大白。'"此处则用为饮酒之意。

二十六日，循城溯溪，东南二十里，转而南，二十五里，发大泄岭，岧峣[①]行云雾中。如是十五里，得平坂，曰林田。时方下午，雨大，竟止。林田有两溪自南来：东浑赤如血；西则一川含绿，至此合流。

① 岧峣（tiáo yáo）：山高貌。

二十七日，溯赤溪行。久之，舍赤溪，溯澄溪。共二十里，渡坑源上下桥，登马山岭。转上转高，雾亦转重，正如昨登大泄岭时也。五里，透其巅，为宁洋界。下五里，饭于岭头。时旭日将中，万峰若引镜照面。回望上巅，已不可睹，而下方众岫骈列，无不献形履下。盖马山绝顶，峰峦自相亏蔽，至此始廓然为南标[①]。询之土人，宁洋未设县时，此犹属永安，今则岭北水俱北者，属延平，岭南水俱南者，属漳州。随山奠[②]川，固当如此建置也。其地南去宁洋三十里，西为本郡之龙岩，东为延平之大田云。下山十里，始从坑行。渡溪桥而南，大溪遂东去。逾岭，复随西来小溪南行，二十里，抵宁洋东郭。绕城北而西，则前之大溪经城南来，恰与小溪会，始胜[③]舟。

① 南标：犹南针，即目标之意。　② 奠：定。
③ 胜（shēng）：容。

二十八日，将南下，传盗警，舟不发者两日。

四月初一日，平明，舟始前，溪从山峡中悬流南下。十余里，一峰突而西，横绝溪间。水避而西，复从东折，势如建瓴[①]，曰石嘴滩。乱石丛立，中开一门，仅容舟。舟从门坠，高下丈余。余势屈曲，复高下数丈。较之黯淡诸滩，大小虽殊悬，险更倍之也。众舟至此，俱鳞次以下。每下一舟，舟中人登岸，共以缆前后倒曳之，须时乃放。过此，山峡危逼，复嶂插天，曲折破壁而下，真如劈翠穿云也。三十里，过馆头，为漳平界。一峰又东突，流复环东西折，曰溜水滩。峰连嶂合，飞涛一缕，直舟从云汉[2]，身挟龙湫矣。已而山势少开，二十余里，为石壁滩。其石自南而突，与流相扼，流不为却，捣击之势，险与石嘴、溜水而三也。下此，有溪自东北来合。再下，夹溪复自东北来合，溪流遂大，势亦平。又东二十里，则漳平县也。宁洋之溪，悬溜迅急，十倍建溪。盖浦城至闽安入海，八百余里。宁洋至海澄入海，止三百余里。程愈迫，则流愈急。况梨岭下至延平，不及五百里。而延平上至马岭，不及四百而峻，是二岭之高，伯仲也。其高既均，而入海则减，雷轰入地之险，宜咏于此。

① 瓴（líng）：盛水瓶。《史记》："譬犹居高屋之上，建瓴水也。"其意谓居高屋之上，而翻瓴水。形容其向下之势易。　② 云汉：天河。

初二日，下华封，舟行数里，山势复合。重滩叠溜，若建溪之太平、黯淡者，不胜数也。六十里，抵华封北，溪至此皆从石脊悬泻，舟楫不能过，遂舍舟逾岭。凡水惟滥觞[1]之始，不能浮槎[2]；若既通，而下流反阻者，止黄河之三门集津，舟不能上下。然汉唐挽漕[3]，缆迹犹存，未若华封自古及今，竟无问津④之时。拟沿流穷其险处，而居人惟知逾岭，无能为导。

①《家语》："夫江始于岷山，其源可以滥觞。"言其发源之始，仅泛滥一觞之微。今谓建始曰滥觞。 ② 槎(chá)：水上浮木。 ③ 漕(cáo)：水运曰漕。④《论语》："长沮、桀溺耦而耕，孔子过之，使子路问津焉。"故今称探路为问津。

初三日，登岭，十里，至岭巅，则溪水复自西来。下循山麓，俯瞰只一衣带水①耳。又五里，则陨然②直下；又二里，抵溪。舟行八十里，至西溪。西南陆行，三十里，即漳郡。顺流东南二十里，为江东渡，乃兴泉东来驿道③也。又顺流六十里，则出海澄入海焉。

① 一衣带水：谓水如衣带，比喻其狭窄。 ② 陨然：坠下貌。 ③ 驿道：旧时传达官文书之道路。

初四日，舆行二十里，入漳之北门。访叔司理，则署印南靖，去郡三十里。遂雨中出南门，下夜船，往南靖。

初五日，晓达南靖，以溯流迂曲也。溪自南平来，至南靖六十里，势与西溪同其浩荡，经漳郡南门，亦至海澄入海。不知漳之得名，两溪谁执牛耳①也？

①《左传》："诸侯盟，谁执牛耳？"古者歃血为盟，割牛耳取血，盛以珠盘，主盟者执之。故执牛耳即为主之义。

闽游日记后

庚午春，漳州司理叔促赴署。余拟是年暂止游屐，而漳南之使络绎[①]于道，叔祖念莪翁，高年冒暑，坐促于家，遂以七月十七日启行。二十一日至武林。二十四日渡钱唐，波平不縠[②]，如履平地。二十八日至龙游，觅得青湖舟，去衢尚二十里，泊于樟树潭。

① 络绎：断续不绝。　② 縠（hú）：绉。

三十日，过江山，抵青湖，乃舍舟登陆，循溪觅胜，得石崖于北渚。崖临回澜，澄潭漱其址，隙缀茂树，石色青碧，森森有芙蓉出水态。僧结槛依之，颇觉幽胜，余踞坐石上。有刘对予者，一见如故，因为余言："江山北二十里，有左坑，岩石奇诡，探幽之屐不可不一过。”余欣然，返寓已下午，不成行。

八月初一日，冒雨行三十里。一路望江郎片石，咫尺不可见。先拟登其下，比至路口，不果。越山坑岭，宿于宝安桥。

初二日，登仙霞，越小竿岭，近雾已收，惟远峰漫不可见。又十里，饭于二十八都。其地东南有浮盖山，跨浙、闽、江西三省，衢、处、信、宁四府之境。危峙仙霞、犁岭间，为诸峰冠。枫岭西垂，华岭东障，梨岭则其南案也。怪石拏云，飞霞削翠，余每南过小竿，北逾梨岭，遥瞻丰采，辄为神往。既饭，兴不能遏，遍询登山道。一牧人言：“由丹枫岭而上，为大道而远，由二十八都溪桥之左越岭，经白花岩上，道小而近。”余闻白花岩益喜，即迂道且趋之，况其近也。遂越桥南行数十步，即由左小路登岭。三里下岭，折而南，渡一溪，又三里，转入南坞，即浮盖山北麓村也。分溪错岭，竹木清幽，里号金竹云。度木桥，由业纸者篱门入，取小级而登。初皆田畦高叠，渐渐直跻危崖。又五里，大石磊落，棋置星罗①，松竹与石争隙，已入胜地。竹深石转，中峙一庵，即白花岩也。僧指其后山绝顶，峦石甚奇。庵之右冈，环转而左，为里山庵。由里山越高冈两重，转下山之阳，则大寺也。右有梨尖顶，左有石龙洞，前瞰梨岭，可俯而挟矣。余乃从其右，二里，憩里山庵。里山至大寺约七里，路小而峻。先跻一冈，约二里，冈势北垂。越其东，坞下水皆东流，即浦城界。又南上一里，越一冈，循其左而上，是谓狮峰，雾重路塞，舍之。逾冈西下，复转南上，二里，又越一冈，其左亦可上狮峰，右即可登龙洞顶。乃南向直下，约二里，抵大寺。石痕竹影，白花岩正得其具体②，而峰峦环列，此真独胜。雨阻寺中者两日。

① 棋置星罗：谓大石如棋子之满布，星之罗列。

② 具体：谓大体具备。

初四日，冒雨为龙洞游。同导僧砍木通道，攀乱碛而上，雾滃棘铦①，芾②石笼崖，狞③恶如奇鬼。穿簇透峡，窈窕者，益之诡而藏其险，屼嵲④者，益之险而敛其高。如是二里，树底睨峭崿，攀踞其内，右有夹壁，离立仅尺，上下如一，似所谓一线天者，不知其即通顶所由也。乃爇⑤火篝⑥灯，匍匐入一罅。罅夹立而高，亦如外之一线天，第外则顶开而明，此则上合而暗。初入，其合处犹通窍一二，深入则全黑矣。其下水流沙底，濡足而平。中道有片石，如舌上吐，直竖夹中，高仅三尺，两旁贴于洞壁。洞既束肩，石复当胸，无可攀践，逾之甚艰。再入，两壁愈夹，肩不能容，侧身而进，又有石片如前，阻其隘口，高更倍之。余不能登，导僧援之。既登，僧复不能下，脱衣宛转，久之，乃下。余犹侧伫石上，亦脱衣奋力，僧从石下掖之，遂得入。其内壁少舒，可平肩，水较泓深，所称龙池也。仰睇[7]其上，高不见顶，而石龙从夹壁尽处悬崖直下。洞中石色皆赭黄，而此石独白，石理犻[8]砺[9]成鳞甲，遂以龙神之。挑灯遍瞩而出。石隘处，上逼下碍，入时自上悬身而坠，其势犹顺，出则自下侧身以透，胸与背既贴切于两壁，而膝复不能屈伸，石质刺肤，前后莫可悬接。每度一人，急之愈固，几恐其与石为一也。既出，欢若更生，而岚气忽澄，登霄在望。由明峡前行，芟[10]莽开荆，不半里，又得一洞。洞皆大石层叠，如重楼复阁，其中燥爽明透。徘徊久之，复上跻重崖。二里，登绝顶，为浮盖最高处。踞石而坐，西北雾顿开，下视金竹里以东，崩坑坠谷，层层如碧玉轻绡，远近万状。惟顶以南，尚郁伏未出。循西岭而下，乃知此峰为浮盖最东。由此而西，蜿蜒数峰，再伏再起，极于叠石庵，乃为西隅，再下为白花岩矣。既连越二峰，即里山趋寺之第三冈也。时余每过一峰，辄一峰开霁，西峰诸石，俱各为披露。西峰尽，又越两峰，峰俱有石层叠。又一峰南向居中，前耸二石，一斜而尖，是名“犁头尖石”，二石高数十丈，堪为江郎支庶，而下俱浮缀叠石数块，承以石盘，如坐嵌空处，俱可徙倚。此峰南下一支，石多嶙峋，所称双笋石人，攒列寺右者，皆其派也。峰后散为五峰，回环离立，中藏一坪，可庐，亦高峰所罕得者。又西越两峰，为浮盖中顶，皆盘石累叠而成，下者为盘，上者为盖，或数石共肩一石，或一石复平列数石，上下俱成叠台双阙，浮盖仙坛，洵不诬称矣。其石高削无级，不便攀跻。登其颠，群峰尽出。山顶之石，四旁有苔，如发下垂，嫩绿浮烟，娟然⑪可爱。西望叠石、石仙诸胜，尚隔三四峰，而日已过午，遂还饭寺中，别之。南下十里，即大道，已在梨岭之麓，登岭过九牧，宿渔梁下街。

① 铦（xiān）：兵刃锋利曰铦。　② 茀（fú）：蔽。③ 狞（níng）：状貌凶恶。　④ 屼嵲（niè）：高峻貌。⑤ 爇（ruò）：烧。　⑥ 篝（gōu）：笼。篝灯：以笼蔽灯。　⑦ 睇（dì）：斜视。　⑧ 觕（cū）：同“粗”。

⑨ 砺（lì）：本为磨石之粗者，此处则用作形容词，为粗糙之意。 ⑩ 芟（shān）：刈草。 ⑪ 娟然：美好貌。

初五日，下浦城舟，凡四日，抵延平郡。

初十日，复逆流上永安溪，泊榕溪。其地为南平、沙县之中，各去六十里。先是浦城之溪水小，而永安之流暴涨，故顺逆皆迟。

十一日，舟曲随山西南行，乱石峥嵘，奔流悬迅。二十里，舟为石触，榜人以竹丝绵纸包片木，掩而钉之，止涌而已。又十里，溪右一山，瞰溪如伏狮，额有崖两重，阁临其上。崖下圆石高数丈，突立溪中。于是折而东，又十里，月下上一滩，泊于旧县。

十二日，山稍开，西北二十里，抵沙县。城南临大溪，雉堞[1]及肩，即溪崖也。溪中多置大舟，两旁为轮，关水以舂。西十里，南折入山间。右山石骨巉削，而左山夹处，有泉落坳隙如玉筋。又西南二十里，泊洋口。其地路通尤溪。东有山曰里丰，为一邑之望。昨舟过伏狮崖，即望而见之，今绕其西而南向。

① 雉堞（dié）：城上女墙。

十三日，西南二十里，渐入山。又二十五里，至双口。遂折而西北行，五里，至横双口。溪右一水自北来，永安之溪自南来，至此合。其北来之溪，舟通岩前可七十里，又五里，入永安界，曰新凌铺。

十四日，行永安境中，始闻猿声。南四十里，为巩川。上大滩十里，东南行，忽望见溪右峰石突兀。既而直逼其下，则突兀者转为参差，为崩削，俱盘亘壁立，为峰为岩，为屏为柱，次第而见。中一峰壁削到底，或大书其上，曰“凌霄”。于是溪左之奇，亦若起而争胜者。已舟折西北，左溪之崖较诡异，而更有出左溪上者，则桃源涧也。其峰排突溪南，上逼层汉，而下瞰回溪，峰底深裂，流泉迸下，仰其上，曲槛飞栏，遥带不一，急停舟登焉。循涧而入，两崖仅裂一罅，竹影逼溪内。得桥渡涧，再上，有门曰长春圃。亟趋之，则溪南之峰，前所仰眺者，已在其北。乃北上，路旁一石，方平如砥。时暮色满山，路纵横不可辨，乃入大士殿，得道人为导。随之北，即循崖经文昌阁，转越两亭，俱悬崖缀壁。从此折入峭夹间，其隙仅分一线，上劈山巅，远透山北，中不能容肩，凿之乃受。累级斜上，直贯其中。余所见一线天数处，武彝、黄山、浮盖，曾未见若此之大而逼、远而整者。既而得天一方，四峰攒列，透隙而上，一石方整，曰“棋坪”。中复得一台，一树当空，根盘于上。有飞桥架两崖间，上下壁削，悬空而度，峰攒石裂，岈然成洞，曰“环玉”。出洞，复由棋坪侧历西坞而上，得一井，水甚甘洌。跻峰北隅，有亭甚豁，第北溪下绕，反以逼仄不能俯瞰。由此左下，又有泉一泓汇为池，以暮不及往。乃西上绝顶，一八角亭冠其上。复从西路下山，出倚云关，则石磴垂绝。罅间一下百丈，盖是山四面斗削，惟一线为暗磴，百丈为明梯，游者以梯下而一线上，始尽奇概，舍此别无可阶也。还至大士殿，昏黑不可出。道人命徒碎木然火，送之溪旁。孤灯穿绿坞，几若阴房磷火①。道人云：“由长春圃二里有不尘馆，旁又有一百丈岩，皆有胜可游。”余颔之。返舟，促舟子夜行，不可，乃与奴辈并力刺舟。幸滩无石，月渐朗，二鼓，泊废石梁下。行二十里，去永安止二里。

① 野火之忽隐忽现作青色者。《淮南子》注：“久血为磷。”又：“精在地暴露百日，则为磷，遥望炯炯若燃火

也。”故谓之磷火，俗谓鬼火。

十五日，抵城西桥下，桥已毁，而大溪自西来，桥下之溪自南来，依然余游玉华时也。绕城西而南，溯南来之溪以去，五十里至长倩。溪出山右，路循山左，乃舍溪登岭。越岭两重，西南遇溪桥，五里，南过溪鸣桥。又五里，直凌西南山角，以为已穷绝顶，其上乃更复穹然，不复上。循山半而南，纡折翠微①间，俯瞰山底，溪回屈曲，惟闻吼②怒声，而深不见水。盖峻峦削岫，错立如交牙，水漱其根，上皆丛树，行者惟见翠葆③浮空，非闻水声，几以为一山也。久之，偶于树隙稍露回湍，浑赤如血。又五里，与赤溪遇，又五里，止于林田。

① 翠微：山未及顶上，近旁陂陀之处。　② 吼（hǒu）：猛兽如狮虎之类，其鸣皆曰吼。　③ 葆（bǎo）：盖，此处乃指树木而言。

十六日，沿山二里，有峰自南直下。峰东有小溪，西为大溪，俱北会林田，而注于大煞岭西者。渡小溪，循峰南上，共五里。至下桥透迤南跻。又八里，得上桥。一涧飞空，悬桥而度，两旁高峰插天。度桥，路愈峻，十里，从山夹中直跻两高峰之南，登岭巅。回视两高峰，已在履下，计其崇峻，大煞、浮盖，当皆出其下。南下三十五里，抵宁洋县。

十七日，下舟达华封。

十八日，上午，始抵陆，渐登山阪。溪从右去，以滩高石阻，舟不能前也。十里，过山麓，又五里，跨华封绝顶，溪从其下折而西去。遥望西数里外，滩石重叠，水势腾激，至有一滩纯石，中断而不见水者，此峡中最险处。自念前以雨阻不能达，今奈何交臂[①]失之？乃北下三里，得村一坞，以为去溪不远，沿坞西行里许，欲临溪，不得路，始从蔗畦中下。蔗穷，又有蔓植者，花如豆，细荚未成，复践蔓行。上流沙削不受履，方借蔓为级，未几蔓穷，皆荆棘藤刺，丛不能入。初侧身投足，不辨高下，时时陷石坎，挂树杪。既忽得一横溪，大道沿之。西三里，瞰溪咫尺，滩声震耳，谓前所望中断之险，必当其处。时大道直西去，通吴镇、罗埠，觅下溪之路，久不得，见一小路伏丛棘中，乃匍匐就之。初犹有路影，未几下皆积叶，高尺许，蛛网翳之。上则棘莽蒙密，钩发悬股，百计难脱，比脱，则悬涧注溪，危石叠嵌而下。石皆累空间，登其上，始复见溪，而石不受足，转堕深莽。余计不得前，乃即从涧水中，攀石践流，遂抵溪石上。其石大如百间屋，侧立溪南，溪北复有崩崖壅②水。水即南避巨石，北激崩块，冲捣③莫容，跃隙而下。下即升降悬绝，倒涌逆卷，崖为之倾，舟安得通也。踞大石坐，又攀渡溪中突石而坐，望前溪西去，一泻之势，险无逾此。久之，溯大溪，践乱石，山转处，溪田层缀，从之，始得路。循而西转，过所踞溪石二里许，滩声复沸如前，则又一危矶也。西二里，得小路，随山脊直瞰溪而下，始见前不可下之滩，即在其上流，而岭头所望纯石中断之滩，即在此下流。此嘴中悬两滩间，非至此则两滩几有遁形④矣。逾岭下舟。明日，抵漳州司理署。

① 交臂：喻人之遇合。《庄子》云："吾终身与女交一臂而失之。"谓彼此一往来之间，臂虽交而失之。② 壅（yōng）：堵塞。 ③ 捣（dǎo）：击，撞。 ④ 遁形：隐而不显。

游天台山日记后

壬申三月十四日，自宁海发骑，四十五里，宿岔路口。其东南十五里，为桑洲驿，乃台郡道也。西南十里，松门岭，为入天台道。

十五日，渡水母溪，登松门岭，过玉爱山，共三十里，饭于筋竹岭庵，其地为宁海、天台界。陟山冈三十余里，寂无人烟，昔弥陀庵亦废。下一岭，丛山杳冥中，得村家，瀹[①]茗饮石上。又十余里，逾岭而入天封寺。寺在华顶峰下，为天台幽绝处。却骑，同僧无余上华顶寺，宿净因房，月色明莹。其地去顶尚三里，余乘月独上，误登东峰之望海尖，西转，始得路至华顶。归寺已更余矣。

① 瀹（yuè）：煮。

十六日，五鼓，乘月上华顶，观日出。衣履尽湿，还炙衣寺中。从寺右逾一岭，南下十里，至分水岭。岭西之水出石梁，岭东之水出天封。循溪北转，水石渐幽。又十里，过上方广寺抵昙花亭，观石梁奇丽，若初识者。

十七日，仍出分水岭，南十里，登察岭。岭甚高，与华顶分南北界。西下至龙王堂，其地为诸道交会处。南十里，至寒风阙，又南下十里，至银地岭，有智者塔已废。左转得大悲寺，寺旁有石，为智者拜经台。寺僧恒如为炊饭，乃分行囊从国清下至县。余与仲昭兄以轻装东下高明寺，寺为无量讲师复建，右有幽溪，溪侧诸胜，曰圆通洞、松风阁、灵响岩。

十八日，仲昭坐圆通洞，寺僧导余探石笋之奇。循溪东下，抵螺溪，溯溪北上，两崖峭石夹立，树巅飞瀑纷纷。践石蹑流，七里，山回溪坠，已至石笋峰底。仰面峰莫辨，以右崖掩之也。从崖侧逾隙而下，反出石笋之上，始见一石矗立涧中，涧水下捣其根，悬而为瀑，亦水石奇胜处也。循溪北转，两崖愈峭，下汇为潭，是为螺蛳潭，上壁立而下渊深。攀崖侧悬藤，踞石遥睇其内。潭上石壁，中劈为四岐，若交衢然。潭水下薄，不能窥其涯涘。

最内两崖之上，一石横嵌，俨若飞梁。梁内飞瀑，自上坠潭中，高与石梁等。四旁重崖回映，可望而不可即，非石梁所能齐也。闻其上有“仙人鞋”，在寒风阙之左，可逾岭而至。雨骤，不成行，还憩[①]松风阁。

① 憩（qì）：休息。

二十日，抵天台县，至四月十六日，自雁宕返，乃尽天台以西之胜。北七里，至赤城麓。仰视丹霞层亘，浮屠标其巅，兀立于重岚攒翠间。上一里，至中岩，岩中佛庐新整，不复似昔时凋敝。时急于“琼台双阙”，不暇再蹑上岩。遂西越一岭，由小路七里，出落马桥。又十五里，西北至瀑布山左登岭，五里，上桐柏山。越岭而北，得平畴一围，群峰环绕，若另辟一天。桐柏宫正当其中，惟中殿仅存，夷齐[①]二石像尚在右室，雕琢甚古，唐以前物也。黄冠久无住此者，群农见游客至，俱停耕来讯，遂挟一人为导。西三里，越二小岭，下层崖中，登琼台焉。一峰突瞰重壑，三面俱危崖回绕。崖右之溪，从西北万山中直捣峰下，是为百丈崖。崖根涧水，至琼台脚下，一泓深碧如黛[②]，是名“百丈龙潭”。峰前复起一峰，卓立如柱，高与四围之崖等，即琼台也。台后倚百丈崖，前即双阙对峙，层崖外绕，旁绝附丽。登台者从北峰悬坠而下，度坳脊处咫尺，复攀枝仰陟而上，俱在削石流沙间，趾无所着也。从台端再攀历南下，有石突起，窟其中为龛，如琢削而就者，曰仙人坐。琼台之奇，在中悬绝壑，积翠四绕，双阙亦其外绕中对峙之崖，非由涧底再上，不能登也。忆余二十年前，同云峰自桃源来，溯其外涧入，第深穷奇窟奥。今始俯瞰于崖端，高深俱无遗胜矣。饭桐柏宫，仍下山麓，南从小径渡溪，十里，出天台关岭之官道。复南入小径，隙行十里，路左一峰，兀立若天柱，问知为青山茁。又溯南来之溪，十里，宿于坪头潭之旅舍。

① 夷齐：即伯夷、叔齐。　② 黛（dài）：画眉黑色。

十七日，由坪头潭西南八里，至江司陈氏。渡溪左行，又八里，南折入山。陟小岭二重，又六里，重溪回合中，忽石岩高峙，其南即寒岩，东即明岩也。令童先驰，炊于明岩寺。余辈遂南向寒岩，路左俱悬崖盘列，中有一洞岈然，洞前石兔蹲伏，口耳俱备。路右即大溪萦回，中一石突出如擎盖，心颇异之。既入寺，向僧索龙须洞灵芝石，即此也。寒岩在寺后，宏敞有余，玲珑未足。由洞右一上视鹊桥而出。由旧路一里，右入龙须洞，路为莽棘所翳，上跻里许，如历九霄①。此洞圆耸明豁，洞口斜倚一石，颇似雁宕之石梁，而梁顶有泉中洒，与宝冠之芭蕉洞如出一冶②。下山，仍至旧路口，东溯小溪，南转入明岩寺。寺在岩中，石崖四面环之，止东面八寸关通一线。寺后洞窈窕非一，洞右有石笋突起，虽不及灵岩之雄伟，亦具体而微矣。饭后，由故道骑而驰，三十里，返坪头潭，又北二十五里，过大溪，即西从关岭来者，是为三茅。又北五里，越小涧二重，直抵北山下，入护国寺宿焉。

① 九霄：谓天空极高之处。 ② 冶：熔炉。

十八日晨，急诣桃源。桃源在护国东二里，西去桐柏仅八里。昨游桐柏时，留为还登万年之道，故先寒、明。及抵护国，知其西有秀溪，由此入万年，更可收九里坑之胜，于是又特趋桃源。初由涧口入里许，得金桥潭，由此而上，两山愈束，翠壁穹崖，层累曲折，一溪介其中。溯之，三折而溪穷，瀑布数丈，由左崖泻溪中。余昔来瀑下，路穷莫可上，仰视穹崖北峙，溪左右双鬟诸峰，娟娟攒立，岚翠交流，几不能去。今忽从右崖丛莽中，寻得石径层叠，遂不及呼仲昭，冒雨拨棘而上。磴级既尽，复叠石横栈。度崖之左，已出瀑上。更溯之入，直抵北岩下，蹊磴俱绝，两瀑自岩左右分道下。遥睇岩左，犹有遗磴，从之，则向有累石为桥于左瀑上者，桥已中断，不能度。睇瀑之上流，从东北夹壁中来，止容一线，可践流而入。计其胜，不若右岩之瀑，乃还从大石间向西北上跻，抵峡窟下，得重潭甚厉。四面俱直薄峡底，无可缘涉。第从潭中西望，见石峡之内，复有石峡，瀑布之上，更悬瀑布，皆从西北杳冥中来，至此缤纷乱坠于回崖削壁之上，岚光掩映，石色欲飞。久之，还出层瀑下，仲昭以觅路未得，方独坐观瀑，遂同返护国。闻桃源溪口，亦有路登慈云、通元二寺，入万年，路较近。特以秀溪胜，故饭后仍取秀溪道。西行四里，北折入溪，溯流三里，渐转而东向，是为九里坑。坑既穷，一瀑破东崖下坠，其上乱峰森立，路无可上。由西岭攀跻，绕出其北，回瞰瀑背，石门双插，内有龙潭在焉。又东北上数里，逾岭，山坪忽开，五峰围拱[1]，中得万年寺，去护国三十里矣。万年为天台西境，正与天封相对，石梁当其中，寺中古杉甚多。饭于寺，又西北三里，逾寺后高岭。又向西升陟岭角者十里，乃至腾空山。下牛牯岭，三里，至麓。又西逾小岭三重，共十五里，出会墅。大道至南来，望天姥山在内，已越而过之，以为会墅乃平地耳。复西北下三里，渐成溪，循之行，五里，宿班竹旅舍。

① 言五峰如人之拱立于四围。

天台之溪，余所见者，正东为水母溪。察岭东北，华顶之南，有分水岭，不甚高。西流为石梁，东流过天封，绕摘星岭而东，出松门岭，由宁海而注于海。正南为寒风阙之溪，下至国清寺，会寺东佛陇之水，由城西而入大溪者也。国清之东为螺溪，发源于仙人鞋，下坠为螺蛳潭，出与幽溪会，由城东而入大溪者也。又东有楢溪诸水，余屐未经。国清之西，其大者为瀑布水，水从龙王堂西流，过桐柏为女梭溪，前经三潭，坠为瀑布，则清溪之源也。又西为琼台、双阙之水，其源当发于万年寺东南，东过罗汉岭，下深坑而汇为百丈崖之龙潭，绕琼台而出，会于青溪者也。又西为桃源之水，其上流有重瀑，东西交注，其源当出通元左右，未能穷也。又西为秀溪之水，其源出万年寺之岭，西下为龙潭瀑布，西流为九里坑，出秀溪东南而去。诸溪自青溪以西，俱东南流入大溪。又正西有关岭、王渡诸溪，余屐亦未经。从此再北，有会墅岭诸流，亦正西之水，西北注于新昌。再北有福溪、罗木溪，皆出天台阴，而西为新昌大溪，亦余屐未经者矣。

游雁宕山日记后

余与仲昭兄游天台，为壬申三月。至四月二十八日，达黄岩，再访雁山。觅骑出南门，循方山十里，折而西南行，三十里，逾秀岭，饭于岩前铺。五里，为乐清界，五里，上盘山岭。西南云雾中，隐隐露芙蓉一簇，雁山也。十里，郑家岭。十里，大荆驿。渡石门涧，新雨溪涨，水及马腹。五里，宿于章家楼，是为雁山之东外谷。章氏盛时，建楼以憩山游之屐，今旅肆寥落，犹存其名。

二十九日，西入山，望老僧岩而趋。二里，过其麓，又二里，北渡溪，上石梁洞，仍还至溪旁。西二里，逾谢公岭。岭以内，是为东内谷。岭下有溪自北来，夹溪皆重岩怪峰，突兀无寸土，雕镂①百态。渡溪，北折里许，入灵峰寺。峰峰奇峭，杂立满前。寺后一峰独耸，中裂一璺[2]，上透其顶，是名灵峰洞。蹑千级而上，石台重整，洞中罗汉像俱更新。下饭寺中，同僧自照胆潭越溪左，观风洞。洞口仅半规[3]，风蓬蓬出射数步外。遂从溪左历探崖间诸洞。还寺，雨大至。余乃赤足持伞，溯溪北上。将抵真济寺，山深雾黑，茫无所睹，乃还过溪东，入碧霄洞，守愚上人精舍在焉。余觉其有异，令童还招仲昭，亦践流而至，恨相见之晚。薄暮，返宿灵峰。

① 镂（lòu）：雕刻。　② 璺（wèn）：玉破也，此处用为裂口之义。　③ 规：圆形。

三十日，冒雨循流西折，二里，一溪自西北来合，其势愈大。渡溪而西，溯而西北行，三里，入净名寺，雨益甚，云雾中仰见两崖，重岩夹立，层叠而上，莫辨层次。衣履沾透，益深穷西谷，中有水帘谷、维摩石室、说法台诸胜。二里，至响岩。岩右有二洞，飞瀑罩其外。余从榛莽[1]中履险以登，其洞一名龙王，一名三台。二洞之前，有岩突出，若露台然，可栈而通也。出洞，返眺响岩之上，一石侧耳附峰头，为听诗叟。又西二里，入灵岩，自灵峰西转，皆崇岩连嶂，一开而为净名，一璺直入，所称一线天也。再开而为灵岩，叠嶂回环，寺当其中。

① 榛（zhēn）：木名，其实作苞，其仁可食。榛莽：梗塞芜秽之貌。

五月朔，仲昭与余同登天聪洞。洞中东望圆洞二，北望长洞一，皆透漏通明，第峭石直下，隔不可履。余乃复下至寺中，负梯破莽，率童逾别坞，直抵圆洞之下，梯而登，不及，则砍木横嵌夹石间，践木以升，复不及，则以绳引梯悬石隙之树，梯穷济以木，木穷济以梯，梯木俱穷，则引绳揉树，遂入圆洞中，呼仲昭相望而语。复如法蹑长洞而下，已日中矣。西抵小龙湫之下，欲寻剑泉，不可得。踞石碛而坐，仰视回嶂逼天，峭峰倒插，飞流挂其中，真若九天①曳帛者。西过小剪刀峰，又过铁板嶂，嶂方展如屏，高插层岩之上，下开一隙如门，惟云气出没，阻绝人迹。又过观音岩，路渐西，岩渐拓，为犁尖，复与常云并峙。常云南下，跌而复起，为戴辰峰。其跌处有坳，曰马鞍岭，内谷之东西分者，以是岭为界。从灵岩至马鞍岭，凡四里，而崇峦屼嵲，应接不暇。逾岭，日色渐薄崦嵫②。二里，西过大龙湫溪口，又二里，西南入宿能仁寺。

① 九天：犹九霄。 ② 崦嵫（yān zī）：山名。《山海经》："鸟鼠同穴山西南曰崦嵫，下有虞泉，日所入处。"薄：逼近。日薄崦嵫：即日已西下。

初二日，从寺后坞觅方竹，无佳者。上有昙花[1]庵，颇幽寂。出寺右，观燕尾泉，即溪流自龙湫来者，分二股落石间，故名。仍北溯流二里，西入龙湫溪口。更西二里，由连云嶂入，大剪刀峰矗然立涧中。两崖石壁回合，大龙湫之水从天下坠。坐看不足亭，前对龙湫，后揖剪刀，身在四山中也。出连云嶂，逾华岩岭，共二里，入罗汉寺。寺久废，卧云师近新之。卧云年八十余，其相与飞来石罗汉相似，开山巨手也。余邀师穷顶，师许同上常云，而雁湖反在其西，由石门寺为便。时已下午，以常云期之后日，遂与其徒西逾东岭，至西外谷，共四里，过石门寺废址。随溪西下一里，有溪自西来合，即凌云、宝冠诸水也，二水合而南入海。乃更溯西来之溪，宿于凌云寺。寺在含珠峰下，孤峰插天，忽裂而为二，自顶至踵，仅离咫尺，中含一圆石如珠，尤奇绝。循溪北入石夹，即梅雨潭也，飞瀑自绝壁下激，甚雄壮，不似空蒙雨色而已。

① 昙（tán）花：亦名优昙华。《南史》：“优昙华乃佛瑞应，三千年一现。”

初三日，仍东行三里，溯溪北入石门，停担于黄氏墓堂。历级北上雁湖顶，道不甚峻。直上二里，向山渐伏，海屿①来前，愈上，海辄逼足下。又上四里，遂逾山脊。山自东北最高处迤逦西来，播为四支，皆易石而土，四支之脊，隐隐隆起，其夹处汇而成洼者三。每洼中复有脊，南北横贯，中分为两，总计之，不止六洼矣。洼中积水成芜②，青青弥望，所称雁湖也。而水之分堕于南者，或自石门，或出凌云之梅雨，或为宝冠之飞瀑。其北堕者，则宕阴诸水也，皆与大龙湫风马牛③无及云。既逾冈，南望大海，北瞰南阁之溪，皆远近无蔽，惟东峰尚高出云表。余欲从西北别下宝冠，重岩积莽，莫可寄足，复寻旧路下石门，西过凌云，从含珠峰外二里，依涧访宝冠寺。寺在西谷绝坞中，已久废，其最深处，石崖回合，磴道俱绝。一洞高悬崖足，斜石倚门，门分为二，轩豁透爽，飞泉中洒，内多芭蕉，颇似闽之美人蕉，外则新篁④高下，渐已成林。至洞，闻瀑声如雷，而崖石回掩，杳不可得见。乃下山涉溪，回望洞之右胁，崖卷成罅，瀑从罅中直坠，下捣于圆坳，复跃出坳成溪去，其高亚龙湫，较似壮胜，故非宕山第二流也。东出故道，宿罗汉寺。

① 屿（yǔ）：水中小山。 ② 芜：草秽不治。 ③ 风马牛：谓不相涉。《左传》："君处北海，寡人处南海，唯是风马牛不相及也。"注："风，放也；马牛，牝牡相诱也。言两地远隔，牝牡不能相诱也。" ④ 箨（tuò）：竹皮。

初四日早，望常云峰，白云濛翳，然不为阻，促卧云同上。东逾华岩二里，由连云嶂之左、道松洞之右，跻级西上，共三里，俯瞰剪刀峰，已在屐底。一里，山回溪出，龙湫上流也。渡溪，过白云、云外二庐，又北入云静庵，庵庐与登山径，修整俱异昔时。卧云令其徒采笋炊饭。既饭，诸峰云气倏尽。仲昭留坐庵中，余同卧云直跻东峰。又二里，渐闻水声，则大龙湫从卷崖中泻下。水出绝顶之南、常云之北，夹坞中即其源也。溯水而上二里，水声渐微，又二里，逾山脊。此脊北倚绝顶，南出分为两支，东支为观音岩，西支为常云峰，此其过脉处也。正脊之东为吴家坑，其峰之回列者，近为铁板嶂，再绕为灵岩，又再绕为净名，又再绕为灵峰，外为谢公岭而尽。脊之西，其坑即龙湫背。其峰之回列者，近为龙湫之对崖，再绕为芙蓉峰，又再绕为凌云，又再绕为宝冠，上为李家山而止，此雁山之南面诸峰也。而观音、常云二峰正当其中，已伏杖履下。惟北峰若负扆然，犹屏立于后。北上二里，一脊平峙，狭如垣墙，两端昂起，北颓然直下，即为南阁溪横流界，不若南面之环互矣。余从东巅跻西顶，倏踯躅[①]声大起，则骇鹿数十头也。其北一峰，中剖若斧劈，中则石笋参差，乱崖森立，深杳无底。鹿皆奔堕其中，想有陨堑者。诸僧至，复以石片掷之，声如裂帛，半晌始沉，鹿益啼号不止。从此再西，则石脊中断，峰亦渐下。西北眺雁湖，愈远愈下。余二十年前探雁湖，东觅高峰，为断崖所阻，悬绠[②]而下，即此处也。昔历其西，今东出其上，无有遗憾矣。返下云静庵，循溪至大龙湫上，下瞰湫底龙潭，圆转夹崖间，水从卷壁坠潭，跃而下喷，光怪不可迫视。遂逾溪西上，南出龙湫之对崖，历两峰而南，其岭即石门东，罗汉之西，南出为芙蓉峰，又南下为东岭者也。芙蓉峰圆亘特立，在罗汉寺西南隅。既至其下，始得路，东达于寺，日已西。仲昭亦先至矣。

① 踯躅（zhí zhú）：以足击地。 ② 绠（gěng）：汲井绳。

初五日，别卧云，出罗汉寺，循溪一里，至龙湫溪口。凡四里，逾马鞍而下。北望观音峰下，有石壁[1]若门，层列非一。仲昭已前向灵岩，余挟一童北抵峰下，循樵路西转二里，直抵观音、常云之麓。始知二峰上虽遥峙，其下石壁连亘成城。又循崖东跻里许，出石壁之上，丛木密荫，不能下窥。崖端盘石如擎盖，上平如砥，其下四面皆空。坐其上久之，复下循石壁而入，层崖悬裂，皆可扪而通也。壁外一峰特起，薄齐片云，圆顶拱袖，高若老僧岩，俨若小儿拱立。出路隅，居多吴氏，有吴应岳者留余餐。余挟之溯溪入，即绝顶所望吴家坑溪也，在铁板、观音之间。欲上溪左黄崖层洞，崖在铁板嶂之西。洞在崖之左，若上下二层者。抵其下，不得上，出其上，洞又在悬崖间，无可下也。乃循崖东行，又得一石壁，望其上，层叠可入，计非构木悬梯不能登。从此下一小峰，曰莺嘴岩，与吴别，东过铁板嶂下，见其中石壁更大，下若有洞流而成溪者。亟溯流入，抵洞下，乱石窒[2]塞，而崖左有路直上，凿坎悬崖间，垂藤可攀，遂奋勇上，衣碍则解衣，杖碍则弃杖。凡直上一崖，复横历一崖，如是者再，又栈木为桥者再，遂入石壑中。石对峙如门，中宽广，得累级以升。又入石门两重，仰睇其上，石壁环立，青天一围，中悬如井，壁穷，透入洞中。洞底日光透处，有木梯，猱[3]升其上，若楼阁然。从阁左转，复得平墟，后即铁板嶂高列，东西危崖环绕，南面石壑下伏，轩敞回合，真仙灵所宅[4]矣。内有茅屋一楹，虚无人居，隙地上多茶树，故坎石置梯，往来其间耳，下至溪旁，有居民，遂越小剪刀峰而东，二里，入灵岩，与仲昭会。

① 壑（jué）：器之缝隙。　② 窒（zhì）：阻塞。
③ 猱（náo）：又读 rǒu，一种猴。　④ 宅：居。

初六日，挟灵岩僧为屏霞嶂之游。由龙鼻洞右攀石罅上，半里，得一洞，甚奇。又上半里，崖穹路绝，有梯倚崖端，盖烧炭者所遗。缘梯出其上，三巨石横叠两崖间。内覆石成室，跨其外者为仙桥。其室空明幽敞，蔽于重岩之侧，虽无铁板嶂、石门之奇瑰攒合，而幽邃[1]自成一天。复透洞左上，攀藤历栈，遂出屏霞嶂之中层，盖龙鼻顶也。崖端亦宽垲[2]可庐，后嶂犹上倚霄汉，嶂右有岩外覆，飞泉落其前。由右复攀跻崖石，几造嶂顶，为削石所阻。其侧石隙一缕，草木缘附，可以着足，遂随之下。崖间多修藤垂蔓，各采而携之。当石削不受树，树尽不受履处，辄垂藤下。如是西越石冈者五重，降升不止数里，始下临绝涧，即小龙湫上游也。其涧发源雁顶之东南，右即铁板，左即屏霞，二嶂中坠为绝壑，重崖亏蔽，上下无径，非悬绠不能飞渡也。入涧，践石随流，东行里许，大石横踞涧中，水不能越，穴石下捣，两旁峭壁皆斗立。行者路绝，乃缚木为梯升崖端，复缒入前涧下流，则横石之下，穹然中空，可树十丈旗。水从石后建瓴下注，汇潭漾碧，翛然[3]沁人。左右两崖，俱有洞高峙。由此而前，即龙湫下坠处也。余两次索剑泉，寺僧辄云在龙湫上，人力鲜达，今仍杳然，知沦没已久。欲从此横下两峰，遂可由仙桥达石室，乃斫木缚梯，盘绝巘者数四。俯视独秀、双鸾诸峰，近在屐底。既逼仙桥，隔崖中断，日已西，疲甚，乃返觅前辙，复经屏霞侧石室返寺，携囊过净名，投宿灵峰。

① 邃（suì）：深远。 ② 垲（kǎi）：高燥地。 ③ 翛（xiāo）然：无拘无束。

初七日，溯寺前溪，观南碧霄冈，轩爽无他奇。又三里，西转，望真济寺，在溪北坞中。是溪西由断崖破峡而来，峡南峰为“五马朝天”，峥嵘尤甚。两旁逼仄石蹊，内无居民，棘茅塞路，行里许，甚艰，不可穷历。北过真济寺，寺僻居北谷，游屐不到。寺右溯小溪三里，登马家山岭，路甚峻，登巅，望雁顶，棱簇如莲花状，北瞰南阁，已在屐底。飞舄而下，四里余，得新庵，弛[①]担于中，溯南阁溪，探宕阴诸胜。南阁溪发源雁山西北之箬袅岭，去此三十余里，与永嘉分界。由岭而南，可通芙蓉，入乐清；由岭而西，走枫林，则入瓯郡道也。溪南即雁山之阴，山势崇拓，竹木蓊茸，不露南面巉嵲[②]态。溪北大山，自箬袅迤逦而来，皆层崖怪峰，变换阖辟，与云雾争幻，至阁而止。又一山北之溪，自北阁来会，俱东下石门潭。门内平畴千亩，居人皆以石门为户牖，此阁所由名，而南北则分以溪也。南阁有章恭毅宅，西入有石佛洞、散水岩、洞仙岩诸胜。北阁有白岩寺旧址，更西有王子晋[③]仙桥为尤奇。余冒雨穷南阁，先经恭毅宅，聚族甚盛。溯溪五里，过犁头庵，南即石佛洞，以路芜不能入。西十里，至庄坞，夹溪居民皆叶姓。散水岩在北坞中，石崖横亘，飞瀑悬流，岩左登岭有小庵，时暮雨，土人留宿庄坞，具言洞仙院之胜。

① 弛：松懈。　② 巀嶭（jié niè）：山高峻貌。③ 王子晋：周灵王之太子。姬姓，晋其名也。好吹笙，作凤凰鸣，游伊、洛之间，浮丘生接引上嵩山。后乘白鹤至缑氏山头，举手谢时人，数日而去。

初八日，雨未止，西溯溪行三里，山涧愈幽，随溪转而北。又二里，隔溪小径，破云磴而入。东渡溪，从之，忽峰回溪转，深入谷中，则烟峦历乱。峰从庄坞之后，连亘至此，又开一隙，现此瑰异。执土人问之，曰："此小篡厝也，仙洞尚在其外大溪上流。"复出而渡溪，里许，有溪自东来入，即洞仙坞溪矣。渡大溪，溯小溪东上，其中峰峦茅舍，与前无异，仙洞即在其内崖，倚峰北向，层篁[1]翳之，乃破莽跻石隙而入，初甚隘，最上渐宽。仍南出庄坞，东还犁头庵，终不得石佛洞道。遂出过南阁，访子晋仙桥，在北阁底，尚二十里。念仲昭在新庵甚近，还晤庵中。日已晡，竟不及为北阁游，东趋大荆而归。

① 篁（huáng）：竹丛。

游五台山日记

癸酉七月二十八日，出都为五台游。越八月初四日，抵阜平南关，山自唐县来，至唐河始密，至黄葵渐开，势不甚穹窿矣。从阜平西南，过石梁，西北诸峰，复峪嵷[①]起。循溪左北行，八里，小溪自西来注。乃舍大溪，溯西溪北转，山峡渐束。又七里，饭于太子铺。北行十五里，溪声忽至。回顾右崖，石壁数十仞，中坳如削瓜直下。上亦有坳，乃瀑布所从溢者，今天旱无瀑，瀑痕犹在削坳间。离涧二三尺，泉从坳间细孔泛滥[②]出，下遂成流。再上，逾鞍子岭。岭上四眺：北坞颇开，东北、西北，高峰对峙，俱如仙掌插天；惟直北一隙少杀。复有远山横其外，即龙泉关也。去此尚四十里。岭下有水从西南来，初随之北行，已而溪从东夹中去。复逾一小岭，则大溪从西北来，其势甚壮，亦从东南峡中去。当即与西南之溪合流出阜平北者。余初过阜平，舍大溪而西，以为西溪即龙泉之水也，不谓西溪乃出鞍子岭坳壁，逾岭而复与大溪之上流遇，大溪则出自龙泉者。溪有石梁曰万年，过之，溯流望西北高峰而趋。十里，逼峰下，为小山所掩，反不睹嶙峋之势。转北行，向所望东北高峰，瞻③之愈出，趋之愈近。峭削之姿，遥遥④逐人。二十里之间，劳于应接。是峰名五岩寨，又名吴王寨，有老僧庐其上。已而东北峰下，溪流溢出，与龙泉大溪会。土人构石梁于上，非龙关道所经。从桥左北行，八里，时遇崩崖矗立溪上。又二里，重城当隘口，为龙泉关。

① 嵱嵷（yǒng sǒng）：上下众多貌。　② 泛滥：满溢。　③ 瞻（zhān）：仰视。　④ 遥遥：远貌。

初五日，进南关，出东关，北行十里，路渐上，山渐奇，泉声渐微。既而石路陡绝，两崖巍峰峭壁，合沓攒奇，山树与石，竞丽错绮，不复知升陟①之烦也。如是五里，崖逼处复设石关二重。又直上五里，登长城岭绝顶。回望远峰，极高者亦伏足下。两旁近峰拥护，惟南来一线有山隙，彻目百里。岭之上，巍楼雄峙，即龙泉上关也。关内古松一株，枝耸叶茂，秀拔干云。关之西，即为山西五台县界。下岭甚平，不及所上十之一。十三里，为旧路岭，已在平地。有溪自西南来，至此随山向西北去，行亦从之。十里，五台水自西北来会，合流注滹沱河。乃循西北溪数里，为天池庄。北向坞中，二十里，过白头庵村，去南台止二十里。四顾山谷，犹不可得其仿佛。又西北二里，路左为白云寺。由其前南折，攀跻四里，折上三里，至千佛洞，乃登台间道。又折而西行，三里宿。

① 陟（zhì）：登。

初六日，风怒起，滴水皆冰，风止日出，如火珠涌吐翠叶中。循山半西南行，四里，逾岭，始望南台在前。再上为灯寺，由此路渐峻。十里，登南台绝顶，有文殊舍利塔①。北面诸台环列，惟东南、西南少有隙地。正南，古南台在其下，远则盂县诸山屏峙，而东与龙泉峥嵘接势。从台右道而下，途甚夷，可骑。循西岭西北行，十五里，为金阁岭。又循山左西北下，五里，抵清凉石。寺宇幽丽，高下如图画。有石为芝形，纵横各九步。上可立四百人，面平而下锐，属于下石者无几。从西北历栈拾级而上，十二里，抵马跑泉。泉在路隅山窝间，石隙仅容半蹄，水从中溢出，窝亦平敞可寺，而马跑寺反在泉侧一里外。又平下八里，宿于狮子窝。

① 文殊：菩萨名。舍利：谓佛骨。文殊舍利塔：文殊藏骨之塔。

初七日，西北行十里，度化度桥。一峰从中台下，两旁流泉淙淙，幽靓[①]迥绝。复度其右涧之桥，循山西向而上，路欹甚。又十里，登西台之顶，日映诸峰，一一献态呈奇。其西面，近则闭魔岩，远则雁门关，历历可俯而挈[②]也。闭魔岩在四十里外，山皆陡崖盘亘，层累而上，为此中奇处。入叩佛龛，即从台北下。三里，为八功德水。寺北面，左为维摩阁，阁下二石耸起，阁架于上。阁柱长短，随石参差，有竟不用柱者。其中为万佛阁，佛俱金碧旃檀[③]，罗列辉映，不啻万尊。前有阁二重，俱三层，其周庐环阁亦三层，中架复道，往来空中。当此万山艰阻，非神力不能运此。从寺东北行，五里，至大道。又十里，至中台。望东台、南台，俱在五六十里外，而南台外之龙泉，反若更近。惟西台、北台，相与连属。时风清日丽，山开列如须眉。余先趋台之南，登龙翻石。其地乱石数万，涌起峰头，下临绝坞，中悬独耸，言是文殊放光摄影处。从台北直下者四里，阴崖悬冰数百丈，曰万年冰。其坞中亦有结庐者。初寒无几，台间冰雪，种种[4]而是。闻雪下于七月二十七日，正余出都时也。行四里，北上澡浴池。又北上十里，宿于北台。北台比诸台较峻，余乘日色周眺寺外。及入寺，日落而风大作。

① 靓（jìng）：与“静”通。　② 挈（qiè）：提。
③ 旃（zhān）檀：檀香。　④ 种种：犹物物。

初八日，老僧石堂送余，历指诸山曰：“北台之下，东台西，中台中，南台北，有坞曰台湾：此诸台环列之概也。其正东稍北，有浮青特锐者，恒山也。正西稍南，有连岚一抹者，雁门也。直南诸山，南台之外，惟龙泉为独雄。直北俯内外二边，诸山如蓓蕾[1]，惟兹山之北护，峭削层叠，嵯峨之势，独露一斑，此北台历览之概也。此去东台四十里，华岩岭在其中。若探北岳，不若竟由岭北下，可省四十里登降。”余颔之，别而东，直下者八里，平下者十二里，抵华岩岭。由北坞下十里，始夷。一涧自北，一涧自西，两涧合而群峰凑，深壑中“一壶天”也。循涧东北行，二十里，曰野子场。南自白头庵至此，数十里内，生天花菜，出此则绝种矣。由此两崖屏列鼎峙，雄峭万状。如是者十里，石崖悬绝中，层阁杰起，则悬空寺也。石壁尤奇，此为北台外护山。不从此出，几不得台山神理云。

① 蓓蕾：未开之花。

游恒山日记

去北台七十里，山始豁然[1]，曰东底山。台山北尽，即属繁峙界矣。

① 豁然：开朗貌。

初九日，出南山。大溪从山中俱来者，别而西去。余北驰平陆中，望外界之山，高不及台山十之四。其长缭绕[1]如垣[2]，东带平邢，西接雁门，横而径[3]者十五里。北抵山麓，渡沙河，即为沙河堡。依山瞰流，砖甃高整。由堡西北七十里，出小石口，为大同西道。直北六十里，出北路口，为大同东道。余从堡后登山，东北数里，至峡口，有水自北而南，即下注沙河者也。循水入峡，与流屈曲，荒谷绝人。数里，义兴寨。数里，朱家坊。又数里，至葫芦嘴，舍涧登山，循嘴而上，地复成坞，溪流北行，为浑源界。又数里，为土岭，去州尚六十里，西南去沙河，共五十里矣。遂止居民同姓家。

① 缭（liáo）绕：回旋往复不正之貌。　② 垣：卑墙。　③ 径：直行。

初十日，循南来之涧，北去三里，有涧自西来合，共东北折而去。余溯西涧入，又一涧自北来，遂从其西登岭，道甚峻。北向直上者六七里，西转，又北跻而上者五六里，登峰两重，造其巅，是名箭筸岭。自沙河登山涉涧，盘旋山谷，所值皆土魁①荒阜。不意至此而忽跻穹窿，然岭南犹复阿蒙②也。一逾岭北，瞰东西峰连壁隤，翠蜚③丹流；其盘空环映者，皆石也，而石又皆树。石之色一也，而神理又各分妍。树之色不一也，而错综④又成合锦。石得树而峨嵯倾嵌⑤者，幓以藻绘而愈奇；树得石而平铺倒蟠者，缘以突兀而尤古。如此五十里，直下至阬⑥底，则奔泉一壑，自南注北，遂与之俱出坞口，是名龙峪口，堡临之。村居颇盛，皆植梅杏，成林蔽麓。既出谷，复得平陆。其北又有外界山环之，长亦自东而西，东去浑源州三十里，西去应州七十里。龙峪之临外界，高卑远近，一如东底山之视沙河、峡口诸山也。于是沿山东向，望峪之东，山愈嶙嶒斗峭[7]，问知为龙山。龙山之名，旧著于山西，而不知与恒岳比肩。至是既西涉其阃域[8]，又北览其面目，从不意中得之，可当五台桑榆之收[9]矣。东行十里，为龙山大云寺，寺南面向山。又东十里，有大道往西北，直抵恒山之麓，遂折而从之。去山麓尚十里。望其山，两峰亘峙，车骑接轸[10]；破壁而出，乃大同入倒马、紫荆大道也。循之抵山下，两崖壁立，一涧中流，透罅而入，逼仄[11]如无所向，曲折上下，俱成窈窕；伊阙双峰，武彝九曲，俱不足以拟[12]之也。时清流未泛，行即溯涧。不知何年两崖俱凿石坎，大四五尺，深及丈，上下排列，想水溢时，插木为阁道者；今废已久，仅存二木，悬架高处，犹栋梁巨擘[13]也。三转，峡愈隘，崖愈高。西崖之半，层楼高悬，曲榭[14]斜倚，望之如蜃吐重台[15]者，悬空寺也。五台北壑，亦有悬空寺，拟此未能具体[16]。仰之神飞，鼓勇独登，入则楼阁高下，槛路屈曲，崖既矗削，为天下巨观，而寺之点缀，兼能尽胜。依岩结构，而不为岩石累者仅此。而僧寮位置适序，凡客坐禅龛⑰，明窗暖榻，寻丈之间，肃然中雅⑱。既下，又行峡中者三四转，则洞门豁然，峦壑掩映，若别有一天者。又一里，涧东有门榜⑲三重，高列阜上。其下石级数百层承之，则北岳恒山庙之山门也。去庙尚十里，左右皆土山层叠，岳顶杳不可见。止门侧土人家，为明日登顶计。

①土魁：土堆。　②阿蒙：三国鲁肃称吕蒙为阿蒙，曾曰："三日不见，非复吴下阿蒙矣。"此处借用，有依然故态之意。　③蜚：与"飞"通。　④错综：交错总聚。　⑤倾嵌：倒插。　⑥阬（kēng）：大坎。　⑦嶙嶒（céng）斗峭：山高峻貌。　⑧阃（kǔn）：门坎。阃域：犹言内境。　⑨桑榆：日落之时，其光尚留桑榆之上，故借为西方之称。桑榆之收：喻弥补缺憾。《后汉书》："失之东隅，收之桑榆。"语本此。　⑩轸（zhěn）：车后横木。车骑接轸：指车马相衔接。　⑪逼仄：犹言逼狭。　⑫拟（nǐ）：比，相似。　⑬擘（bǒ）：大拇指。巨擘：谓杰出于众，如大指异于他指。　⑭榭（xiè）：台上之屋。　⑮蜃（shèn）：谓蜃气。海面波平时，见远山船舶，或城市

宫室，倒映空际。又行沙漠中，见前途树木倒映于距地较低之处。此现象均谓之蜃气。蜃吐重台：盖旧说以蜃为蛟龙之属，能吐气为楼台。　⑯具体：谓具其形象。　⑰禅龛：僧室。　⑱肃然中雅：指严整而中无尘俗气。　⑲榜：牌匾。

十一日，风翳净尽，澄碧如洗。策杖登岳，面东而上，土冈浅阜，无攀跻劳。盖山自龙泉来，凡三重：惟龙泉一重，峭削在内，而关以外，反土脊平旷；五台一重虽崇峻，而骨石耸拔，俱在东底山一带出峪之处；其第三重自峡口入山而北，西极龙山之顶，东至恒岳之阳，亦皆藏锋敛锷①。一临北面，则峰峰陡削，悉现岩岩本色。一里，转北，山皆煤炭，不深凿即可得。又一里，则土石皆赤，有虬松离立道旁，亭曰望仙。又三里，则崖石渐起，松影筛阴，是名虎风口。于是石路萦回，始循崖乘峭而上。三里，有杰坊曰“朔方第一山”；内则官廨②，厨井俱备。坊右东向拾级③上，崖半为寝宫④，宫北为飞石窟，相传真定府恒山从此飞去。再上，则北岳殿也。上负绝壁，下临官廨。殿下云级⑤插天，庑门上下，穹碑森立。从殿右上，有石窟倚而室之，曰会仙台。台中像群仙，环列无隙。余时欲跻危崖，登绝顶，还过岳殿东。望两崖断处，中垂草莽者千尺，为登顶间道，遂解衣攀蹑而登。二里，出危崖上。仰眺绝顶，犹杰然天半，而满山短树蒙密，槎桠⑥枯竹，但能钩衣刺领，攀践辄断折。用力虽勤，若堕洪涛，汩汩不能出。余益鼓勇上，久之，棘尽，始登其顶，时日色澄丽，俯瞰山北，崩崖乱坠，杂树密翳。是山土山无树，石山则有，北向俱石，故树皆在北。浑源州城一方，即在山麓。北瞰隔山一重，苍茫⑦无际；南惟龙泉，西惟五台，青青⑧与此作伍。近则龙山西亘，支峰东连，若比肩连袂，下扼沙漠者。既而下西峰，寻前入峡危崖，俯瞰茫茫⑨，不敢下。忽回首东顾，有一人飘摇于上，因复上其处问之，指东南松柏间。望而趋，乃上时寝宫后危崖顶。未几，果得径，南经松柏林，先从顶上望，松柏葱青，如蒜叶草茎，至此则合抱参天，虎风口之松柏，不啻百倍之也。从崖隙直下，恰在寝宫之右，即飞石窟也。视余前上隥，中止隔崖一片耳。下山五里，由悬空寺危崖出。又十五里，至浑源州西关外。

① 锋：刃端。锷：刃旁。藏锋敛锷：言不露锋芒。

② 廨（xiè）：官舍。　③ 拾级：谓登阶。　④ 寝宫：谓后殿神所寝之处。　⑤ 云：言其高。云级：犹高阶。　⑥ 槎枒（chá yá）：枝柯歧出之貌。　⑦ 苍茫：无涯貌。　⑧ 青青：谓山色。　⑨ 茫茫：广大貌。

游太华山记

出省城西南二里，下舟，两岸平畴夹水。十里田尽，萑苇[①]满泽，舟行深绿间，不复知为滇池巨流，是为草海。草间舟道甚狭，遥望西山绕臂东出，削崖排空，则罗汉寺也。又西十五里，抵高峣，乃舍舟登陆。高峣者，西山中逊[②]处也。南北山皆环而东出，中独西逊，水亦西逼之，有数百家倚山临水，为迤西大道。北上有傅园，园西上五里，为碧鸡关，即大道达安宁州者。由高峣南上，为杨太史祠。祠南至华亭、太华，尽于罗汉，即碧鸡山南突为重崖者。盖碧鸡山自西北亘东南，进耳诸峰，由西南亘东北，两山相接，即西山中逊处。故大道从之，上置关，高峣实当水埠焉。

① 萑苇（huán wěi）：水草名。　② 逊：此不如彼之意，此处用为较低之意。

余南一里，饭太史祠。又南过一村，乃西南上山，共三里，山半得华亭寺。寺东向，后倚危峰，草海临其前。由寺南侧门出，循寺南西上，南逾支陇入腋，共二里，东南升岭，岭界华亭、太华两寺中而东突者。南逾岭，西折入腋凑间，上为危峰，下盘深谷，太华则高峙谷东，与行处平对。然路必穷极西腋，后乃东转出。腋中悬流两派坠石窟，幽峭险仄，不行此径不见也。转峡，又东盘山嘴，共一里，俯瞰一寺在下壑，乃太平寺也。又南一里，抵太华寺，寺亦东向，殿前夹墀皆山茶，南一株尤巨异。前廊南穿庑入阁，东向瞰海，然此处所望犹止及草海，若漭漭[1]浩荡观，当更在罗汉寺南也。遂出南侧门，稍南下，循坞西入，又东转一里半，南逾岭，岭自西峰最高处东垂下，有大道直上，为登顶道，截之东南下。复南转，遇石峰嶙峋南拥。辄从其北，东向坠土坑下，共一里，又西行石丛中。一里，复上蹑崖端，盘崖而南，见南崖上下，如蜂房燕窝，累累欲堕者，皆罗汉寺南北庵也。披石隙稍下，一里，抵北庵，已出文殊岩上，始得正道。由此南下，为罗汉寺正殿。由此南上，为朝天桥，桥架断崖间，上下皆嵌崖，此复崭崖中坠。桥度而南，即为灵官殿，殿门北向临桥。由殿东侧门下，攀崖蹑峻，愈上愈奇，而楼（供纯阳）而殿（供玄帝），而阁（供玉皇）而宫（名抱一），皆东向临海，嵌悬崖间。每上数十丈，得斗大平崖，辄杙空架隙成之。故诸殿俱不巨，而点云缀石，互为披映，至此始扩然全收水海之胜。南崖有亭前突，北崖横倚楼，楼前高柏一株，浮空漾翠。并楼而坐，如倚危樯上，不复知有崖石下藉也。抱一宫南削崖上，杙木栈，穿石穴，栈悬崖树，穴透崖隙，皆极险峭。度隙，有小楼粘石端，寝龛炊灶皆具，北庵景至此而极。返下朝天桥，谒罗汉正殿，殿后崖高百仞，崖南转折间，泉一方渟崖麓，乃朝天桥迸缝而下者，曰勺冷泉。南逾泉，即东南折，其上崖更崇列，中止潆坪一缕，若腰带。下悉陨阪崩崖，直插海底，坪间梵宇仙宫（雷神庙、三佛殿、寿佛殿、关帝殿、张仙祠、真武宫），次第连缀。真武宫之上，崖愈杰竦，昔梁王[2]避暑于此，又名避暑台，为南庵尽处，上即穴石小楼也，更南，则庵尽而崖不尽，穹壁覆云，重崖拓而更合。南绝壁下，有猗兰阁址。

① 潆潆（yíng）：水回旋貌。　② 梁王：指元梁王博啰。

还至正殿，东向出山门，凡八折，下二里抵山麓，有村氓数十家，俱网罟为业。村南即龙王堂，前临水海。由其后南循南崖麓，村尽波连，崖势愈出，上已过猗兰旧址。南壁愈拓削，一去五里，黄石痕挂壁下，土人名为挂榜山。再南则崖回嘴突，巨石垒空，嵌水折成壘，南复分接屏壁，雄峭不若前，而兀突离奇，又开异境。三里，下瞰海涯，舟出没石隙中，有结茅南崖侧者，亟悬仄径下，得金线泉。泉自西山透腹出，外分三门，大仅如盎，中崆峒，悉巨石欹侧，不可入。水由盎门出，分注海。海中细鱼溯流入洞，是名金线鱼。鱼大不逾四寸，中腴脂，首尾金一缕如线，为滇池珍味。泉北半里，有大石洞。洞门东瞰大海，即在大道下，崖倾莫可坠，必迂其南，始得逶迤[1]入，即前所望石中小舟出没处也。门内石质玲透，裂隙森柱，俱当明处。南入数丈辄暗，觅炬更南，洞愈崇拓。共一里，始转而分东西向，东上三丈止，西入窈窕莫极。惧火炬不给，乃出。

① 逶迤（wēi yí）：曲折行进。

上山返抱一宫。问山顶黑龙池道，须北向太华中。乃南转，然池实在山南金线泉绝顶，以此地崖崇石峻，非攀援可至耳。余辄从危崖历隙上，壁虽峭，石缝多棱，悬跃无不如意。壁纹琼葩瑶茎，千容万变，皆目所未收。素习者惟牡丹，枝叶离披，布满石隙，为此地绝遘[①]。乃结子垂垂，外绿中红，又余地所未见。土人以高远，莫知采鉴，第曰山间野药，不辨何物也。攀跻里余，遂蹑巅，则石萼鳞鳞[②]，若出水青莲，平散竟地。峰端践侧锷而南，惟西南一峰最高，行峰顶四里，凌其上为碧鸡绝顶。顶南石萼骈丛，南坠又起一突兀峰，高少逊之，乃南尽海口山也。绝顶东下二里，已临金线泉之上，乃于耸崖间观黑龙池而下。

① 遘（gòu）：遇。　　② 鳞鳞：谓状如鱼鳞。

盘江考

南北两盘江，余于粤西已睹其下流，其发源俱在云南东境。余过贵州亦资孔驿，辄穷之。驿西十里，过火烧铺，又西南五里，抵小洞岭。岭北二十里，有黑山，高峻为众山冠，此岭乃其南下脊。岭东水即东向行，经火烧铺，亦资孔，乃西北入黑山东峡，北出合于北盘江。岭西水，自北峡南流，经明月所西坞，东南出亦佐县，南下南盘江。小洞一岭，遂为南北盘分水脊。《一统志》[1]谓南北二盘俱发源沾益州东南二百里，北流者为北盘，南流者为南盘，皆指此黑山南小洞岭，一东出火烧铺，一西出明月所二流也。后西至交水城东，中平开巨坞，北自沾益州炎方驿，南逾此经曲靖郡，坞亘南北，不下百里，中皆平畴，三流纵横其间，汇为海子。有船南通越州，州在曲靖东南四十里。舟行至州，水西南入石峡中，悬绝不能上下，乃登陆十五里，复下舟，南达陆凉州。越州东，一水又自白石崖龙潭来，与交水海子合出石峡，乃滇东第一巨溪也，为南盘上流云。余憩足交水，闻曲靖东南有石堡温泉胜，遂由海子西而南。南下二十里，一溪来自西北，转东南去入交海，桥跨之，为白石江，涓②细仅阔数丈，名独著，以沐西平③首破达里麻于此，遂以入滇也。按达里麻以师十万来拒，与我师夹江阵，是日大雾，沐兵分从上流潜济④，绕出其后，遂破之。今观线大山溪，何险足据，且白石上流为戈家冲，源短流微，潆带不过数里内。沐公曲靖之捷，夸为冒雾涉江，自上流出奇夹攻之，为不世勋，不知乃与坳堂无异也。度桥南六里，抵曲靖郡，出郡南门，东南二十五里，海子汪洋涨溢，至是为东西山所束，南下伏峡间，桥横架交溪上，曰上桥。桥西开一坞，东向，即由上桥西折入坞。半里至温泉，泉可浴，泡珠时发自池底，北池沸泡尤多，对以六角亭，口喷玉。东逾坡半里，抵桥头村，村西行田畴间，忽一石高悬，四面蓊丛，楼楹上出，即石崖堡也，与温泉北隔一坞，径平畦里许。抵堡东麓，南向攀级，上凌绝顶，则海子东界山南绕于前，西界山自北来，中突为此崖。又西峙而南，为水口山。交溪南出上桥，前为东界山南绕所扼，辄西南汇为海子，正当石堡南。其东北白石崖龙潭，与东南亦佐之水，合交溪下流于越州，乃西南破峡去。而石堡正悬立众峰中，诸水又汇而潆之，危崖古松，倍见幽胜。北下山，西一里，抵石堡村，回眺石堡，西北两面，嵌空奇峭，步步不能去。由村南下坡，东半里，逾一石梁。南走梁下者，即交溪，溪遂折东南去。又东一里半，抵东山麓，东北上山，从石片中行，土倾峡坠，崩嵌纷错，石骨竞露如裂瓣，从之倾折取道，石多幻质，色正黑如着墨，片片英山绝品。石中上者一里，至岭坳，下见西坞南流之江，下坠岭南之峡，乃交溪由桥头南下，横截此山南麓以东去者也。

①《一统志》：纪舆地之书，元明清皆有之。此处所指，盖明之《一统志》。明《一统志》九十卷，李贤等撰。 ② 涓（juān）：小流。 ③ 沐西平：即沐英。英字文英，明凤阳定远人。初为太祖养子，积功至大都督府同知，以破吐蕃功，封西平侯。寻从傅友德平云南，战功最著，留镇其地，宣布恩惠，招怀番酋，得其欢心。先后镇云南十年，垦田至百余万亩，疏节阔目，民以便安。卒于镇，追封黔宁王，谥昭清，配享太庙。 ④ 济：渡。

余已躬睹南盘源，闻有西源更远，直西南至石屏州，随流考之。其水源发自石屏西四十里之关口，流为宝秀山巨塘，又东南下石屏，汇为异龙湖。湖有九曲三岛，周一百五十里，岛之最西北近城者，曰大水城，顶有海潮寺，稍东岛曰小水城。舟经大水城南隅，有芰①荷百亩，巨朵锦边，湖中植莲，此为最盛。水又东经临安郡南，为泸江，穿颜洞出。又东至阿迷州东北，入盘江。盘江者，即交水海子。南经越州陆凉路南宁州，至州东六十里婆兮甸，合抚仙湖水；又南至播箕街河甸，合曲江；又东至阿迷州稍东，合泸江，二江合为南盘江。遂东北流广西府东山外。余时征诸广西土人，竟不知江所向。乃北过师宗州，又东北去罗平州十五里，抵一坞，曰兴哆啰。其坞西傍白蜡，东瞻罗庄，南去甚遥，而罗庄山森峭东界，皆石峰离立，分行竞奋，复见粤西面目，盖此丛矗怪峰。西南始此，而东北尽于道州，磅礴②数千里，为西南奇胜，此又其西南之极也。已而至罗平，询土人盘江曲折，始知江自广西府流入师宗界，即出罗平东南隅罗庄山外，抵巴旦彝寨，会江底河。寨去罗平东南二百里，江东即广南府境，又东北经巴泽、河格、巴吉、兴隆、那贡，至霸楼，为霸楼江。（六处地名，俱粤西、安隆长官司地，今安隆无土官，俱为广南、泗城所占。）遂入泗城境之八蜡、者香，于是为右江再下，又有广南、富州之水。自者格经泗城之葛阆、历里来合，而下田州云。后余至云南省城，过杨林，见北一海子特大，古称嘉利泽，北成大溪出河口，溪北有山甚峻，曰尧林山。又东北十里出峡，经果子园，北至寻甸府，合郡城西北水，汇为南海子。又东北与马龙水合于郡东二十里七星桥，为阿交合溪。余因究水所出，知其下沾益州为可渡河，乃北盘江上流也。

① 芰（jì）：菱也。　　② 磅礴：广大。

按此则南北二盘，但名称之同耳，发源非一山之水，北盘自可渡河而东，始南合亦资孔、火烧铺之水，则火烧铺非北盘之源也。南盘自交水发源，南渡越州，始合明月所之水，则明月所非南盘之源也。乃《一统志》，北盘舍杨林，南盘舍交水，而取东南支分者为源，则南北源一山之误，宜订正者一。又以南盘至八蜡、者香，一水自东北来合，土人指以为北盘江，遂谓南北盘皆出于田州。夫北盘过安南，已东南下都泥，由泗城东北界经那地、永顺，出罗木渡，下迁江，则此东北合南盘之水，自是泗城西北箐山所出，谓两江合于普安州、泗城州之误，宜订正者二。至《一统志》最误处，又谓南北二盘，分流千里，会于合江镇。盖惟南宁府西左右江合流处为合江镇，是直以太平府左江为南盘，田州右江反为北盘矣。今以余所身历综校之，南盘自沾益州炎方驿南下，经交水、曲靖，南过桥头，由越州、陆凉路南，南抵阿迷州境北，合曲江、泸江，始东转，渐北合弥勒巴甸江，是为额罗江。又东北经大柏坞、小柏坞，又北经广西府东八十里永安渡，又东北过师宗州东七十里黑如渡，又东北过罗平州东南巴旦寨，合江底水经巴泽、巴吉，合黄草坝水，东南抵霸楼，合者坪水，始下旧安隆，出白隘为右江。北盘自杨林海子，北出嵩明州、果子园，东北经热水塘，合马龙州、中和山水，抵寻甸城东，北去彝地，为车洪江，下可渡桥，转东南，经普安州北境，合三板桥诸水，南下安南卫东铁桥，又东南合平州诸水，入泗城州东北境，又东注那地州、永顺司，经罗木渡，出迁江、来宾，为都泥江，东入武宣之柳江。是南盘出南宁，北盘出象州，相去不下千里。而南宁、合江镇，乃南盘与交趾丽江合，非北盘与南盘合也。其两盘江相合处，直至浔州府黔、郁二江会流时始合，但此地南北盘，已各隐名为郁江、黔江矣。则谓南盘、北盘即为南宁左右江之误，宜订正者三。若夫田州、右江源，明属南盘，志书又谓源自富州，是弃大源而取支水，犹之志南盘者源明月所，志北盘者源火烧铺也。彼不辨端末巨细，悍然[1]秉[2]笔，类一丘之貉[3]也夫。

① 悍然：鲁莽。 ② 秉（bǐng）：执。 ③ 一丘之貉（hé）：言同类无所差别。《汉书》有“古与今如一丘之貉”语。

江源考

江河为南北二经流，以其特达于海也。而余邑正当大江入海之冲，邑以江名，亦以江之势，至此而大且尽也。生长其地者，望洋[①]击楫[②]，知其大不知其远；溯流穷源，知其远者，亦以为发源岷山而已。余初考纪籍，见大河自积石入中国，溯其源者，前有博望之乘槎[③]，后有都实之佩金虎符[④]，其言不一，皆云在昆仑之北，计其地，去岷山西北万余里，何江源短而河源长也。岂河之大更倍于江乎？迨逾淮涉汴，而后睹河流如带，其阔不及江三之一。岂江之大，其所入之水不及于河乎？迨北历三秦，南极五岭，西出石门、金沙，而后知中国入河之水为省五（陕西、山西、河南、山东、南直隶）。入江之水为省十一（西北自陕西、四川、河南、湖广、南直，西南自云南、贵州、广西、广东、福建、浙江)。计其吐纳，江既倍于河，其大固宜也。按其发源，河自昆仑之北，江亦自昆仑之南，其远亦同也。发于北者，曰星宿海（佛经谓之徙多河)，北流经积石，始东折入宁夏，为河套。又南曲为龙门大河，而与渭合。发于南者，曰犁牛石（佛经谓之殑伽河)，南流经石门关，始东折而入丽江，为金沙江。又北曲为叙州大江，与岷山之江合。余按岷江经成都至叙，不及千里，金沙江经丽江、云南、乌蒙至叙，共二千余里。舍远而宗近，岂其源独与河异乎？非也。河源屡经寻讨，故始得其远，江源从无问津，故仅宗其近。其实岷之入江，与渭之入河，皆中国之支流，而岷江为舟楫所通，金沙江盘折蛮獠⑤溪峒⑥间，水陆俱莫能溯。(在叙州者，只知其水出于马湖乌蒙，而不知上流之由云南丽江。在云南丽江者，知其为金沙江，而不知下流之出叙为江源。云南亦有二金沙江，一南流北转，即此江，乃佛经所谓殑伽江也。一南流下海，即王靖远征麓川，缅人恃以为险者，乃佛经所谓信度河也。云南诸志，俱不载其出入之异，互相疑溷，尚不悉其是一是二，分北分南，又何由辨其为源与否也。）既不悉其孰远孰近，第见《禹贡》岷山导江之文，遂以江源归之，而不知禹之导，乃其为害于中国之始，非其滥觞发脉之始也。导河自积石，而河源不始于积石，导江自岷山，而江源亦不出于岷山。岷流入江，而未始为江源，正如渭流入河，而未始为河源也。

① 望洋：本作“望羊”。《家语》：“旷若望羊。”注：“望羊，远视也。” ② 击楫：晋祖逖渡江，中流击楫而誓曰：“祖逖不能清中原而复济者，有如此江。”（见《晋书》本传）此处则仅为“行舟”之意。 ③ 博望：汉博望侯张骞。骞之探河源，见《前汉书》本传。至于乘槎至天河一事（见《荆楚岁时记》），则后人所附会也。 ④ 都实：《大清一统志》作“笃什”。元至元十七年，命都实招讨使佩金虎符，往寻河源。 ⑤ 獠（liáo）：西南夷。 ⑥ 峒（tóng）：蛮人所居称“峒”。

不第此也，岷流之南，又有大渡河，西自吐蕃，经黎雅，与岷江合，在金沙江西北，其源亦长于岷，而不及金沙，故推江源者，必当以金沙为首。不第此也，宋儒谓中国三大龙，而南龙之脉，亦自岷山，濒大江南岸而下，东渡城陵、湖口而抵金陵，此亦不审大渡、金沙之界断其中也。不第此也，并不审城陵矶、湖口县为洞庭、鄱阳二巨浸入江之口。洞庭之西源自沅，发于贵州之谷芒关，南源自湘，发于粤西之釜山龙庙。鄱阳之南源自赣，发于粤东之渊头平远，东源自信丰，发于闽之渔梁山，浙之仙霞南岭，是南龙盘曲，去江之南且三千里，而谓南龙濒江乎？不第此也，不审龙脉，所以不辨江源。今详三龙大势，北龙夹河之北，南龙抱江之南，而中龙中界之，特短。北龙亦只南向半支入中国（俱有另说），惟南龙磅礴半宇内，而其脉亦发于昆仑，与金沙江相持南下，经石门、丽江，（东金沙，西澜沧，二水夹之）环滇池之南，由普定度贵竺、都黎南界，以趋五岭。龙远江亦远，脉长源亦长，此江之所以大于河也。不第此也，南龙自五岭东趋闽之渔梁，南散为闽省之鼓山，东分为浙之台宕，正脉北转为小箪岭（闽浙界），度草坪驿（江浙界），峙为浙岭（徽浙界），黄山（徽宁界），而东抵丛山关（绩溪、建平界），东分为天目武陵。正脉北度东坝，而峙为句曲，于是回龙西结金陵，余脉东趋余邑。是余邑不特为大江尽处，亦南龙尽处也。龙与江，同发于昆仑，同尽于余邑，屹为江海锁钥，以奠金陵，拥护留都千载不拔之基以此。岂若大河下流，昔曲而北趋碣石，今徙而南夺淮泗，漫无锁钥耶？然则江之大于河者，不第其源之共远，亦以其龙之交会矣。故不探江源，不知其大于河，不与河相提而论，不知其源之远，谈经流者，先南而次北可也。